STATUTS
ORDONNANCES
ET
RÉGLEMENS
DE LA COMMUNAUTÉ
DU CORPS
DES MAITRES ET MARCHANDS

Ciseleurs, Doreurs, Argenteurs, Damasquineurs & Enjoliveurs sur Fer, Fonte, Cuivre & Laiton, de la Ville, Fauxbourgs & Banlieue Paris.

A PARIS,

Chez la Veuve DELORMEL & Fils, Imprimeur-Libraire de l'Académie-Royale de Musique, rue du Foin, à Sainte Geneviéve.

M. DCC. LVII.

LETTRES PATENTES,

ACCORDÉES PAR LE ROY CHARLES IX.

A LA COMMUNAUTÉ des Maîtres Cizeleurs, Doreurs, Argenteurs, Damasquineurs & Enjoliveurs sur Fer, Fonte, Cuivre & Laiton de la Ville, Fauxbourgs & Banlieue de Paris.

Extrait des Registres du Conseil, du mois d'Août 1573.

CHARLES, PAR LA GRACE DE DIEU; Roy de France; à tous présens & advenir, Salut: Comme de la part de nos bien-amez les Doreurs sur fer, fonte, cuivre & laiton, en nostre Ville de Paris, pour plusieurs bonnes & justes causes, nous ait esté presentée Requeste en notre Conseil privé avec articles, tendant afin que suivant iceux articles, ledit meſtier de Doreur fuſt créé & erigé en meſtier Juré en ladite Ville de Paris, & leſdits articles eſtre gardez & obſervez en icelui ſelon leur forme & teneur, & ainſi qu'il eſt plus amplement contenu & declaré par iceux; laquelle Requête & articles, dès le troiſiéme jour de Juin 1573. & dernier paſſé, nous aurions renvoyée au Prevoſt de Paris ou ſon Lieutenant, pour ſur le contenu en iceux, appellé avec lui notre Procureur en ladite Prevôté envoyer à Nous & à notredit Conſeil leur avis du bien & utilité que ce nous ſeroit & au public de créer & ériger une Maîtriſe dudit métier de Doreur, pour ſuivant icelui être pourvû auſdits Supplians ainſi que de raiſon; ſuivant laquelle Commiſſion, Requeſte & articles, nos Officiers dudit Châtelet, nous avoir donné ſur ce leur avis qui eſt ci-attaché ſous le contre-ſcel de notre Chancellerie, avec ladite Requête & articles, enſemble l'information faite à la Requête de notre Procureur audit Châtelet, ſur la commodité ou incommodité; Sçavoir faiſons, que nous, ſuivant icelui avis & informations, par meure déliberation de notredit Conſeil, & pour pluſieurs autres bonnes cauſes & conſiderations à ce nous mouvans, avons par ceſdites préſentes, & Edit perpétuel & irrévocable de notre certaine ſcience, grace ſpeciale, pleine puiſſance & authorité Royale, créé, erigé & etabli, dit ſtatué & ordonné, créons, érigeons & étabiiſſons, diſons, ſtatuons & ordonnons ledit métier de Doreurs en métier de Juré en notredite Ville de Paris, pour icelui y être exercé, gardé & obſervé, ſelon & en enſuivant leſdits articles. Si donnons en mandement à nos amez & feaux Conſeillers, les Gens tenans notre Cour de Parlement à Paris, Prevôt dudit lieu, les Lieutenans Civil & Criminel, & à tous nos autres Justiciers & Officiers, ou leurs Lieutenans Généraux & Particuliers, & à chacun d'eux en droit soy, & si comme à lui appartiendra, que de notredit present Edit de ladite Requête, articles, le tout cy-attaché, comme dit est, ils fassent lire, publier & enregistrer si besoin est, & où métier sera, à iceux inviolablement garder & observer de point en point, selon leur forme & teneur, sans enfraindre en aucune maniere, contraignant à ce faire & souffrir tous ceux qu'il appartiendra, & qui pour ce seront à contraindre par toutes voyes & manieres dûes & raisonnables: Car tel est notre plaisir, nonobstant oppositions ou appellations quelconques, pour lesquelles & sans préjudice d'icelles, ne voulons être differé, & quelconques Ordonnances, Mandemens, Défenses, Restrictions, & Lettres obtenues ou à obtenir à ce contraire, par les autres métiers de cette Ville de Paris; à squoi nous avons dérogé & dérogeons par cesdites Presentes, notre Edit perpetuel & irrévocable; & afin que ce soit chose ferme & stable à toujours, Nous avons fait mettre notre scel à cesdites Présentes, sauf en autres choses notre droit & l'autrui en toutes. Donné à Paris, au mois d'Août, l'an de grace 1573. Ainsi *signé* sur le reply; Par le Roi en son Conseil, DE NEUFVILLE. Et à côté *visa contentor*, DE HAMVEL. Et scellées sur las de soye rouge & verte, en cire verte du grand scel.

Registré, ouy le Procureur General du Roy, à Paris en Parlement, le neuviéme Juillet l'an mil cinq cens quatre-vingt-six, Signé DE HEVEZ.

AU ROI,

Du 21 Mars 1584.

SIRE,

Vous remontrent très-humblement les Maîtres Jurés Fourbisseurs de votre Ville de Paris, que s'étant mû Procès en votre Cour de Parlement, entr'eux & les Maîtres Jurés & Gardes du Métier de Doreurs & Damasquineurs, pour raison du Réglement de leurs Maîtrises, vous auriez icelui évoqué en votre Conseil d'État, & depuis les Parties respectivement ouies en leurs raisons, les renvoyâtes par Arrêts de votre dit Conseil du vingt-huitiéme Septembre dernier en votredite Cour de Parlement, pour y être les Parties jugées en laquelle Cour suivant votredit Arrêt; lesdits Maîtres Jurés & Gardes dudit Métier de Doreurs & Damasquineurs, auroient volontairement procédé avec eux, ladite Cour par son Arrêt du troisiéme Décembre dernier, & retenu sa connoissance dudit procès & ordonné que les Parties procederoient en icelle selon les derniers erremens. Faisant main-levée auxdits Supplians de ce qu'avoit été sur eux saisi par lesdits Jurés Doreurs, & depuis par autre Arrêt des onziéme Février en suivant 1584. donné contradictoirement, votredite Cour en exécutant ledit Arrêt dudit troisiéme Décembre dernier, auroient condamné lesdits Jurés Doreurs, de rendre auxdits

Suppliants deux gardes d'épées prises en ladite boutique, l'une commencée à argenter & l'autre à damasquiner, ou la valeur & l'estimation d'icelle; dont avertis lesdits Jurés Doreurs, bien qu'ils ayent volontairement procedé en ladite Cour comme dit est déduit & remontré tout ce que bon leur a semblé; néanmoins ils auroient obtenu, par une grande surprise, Lettres Patentes du dix-huitiéme dudit mois de Février, présupposant par icelles contre-verité, que lesdits Supplians les empêchoient en la qualité de leurs Maîtrises, de se dire Maître suivant votredit Edit, ce que jamais lesdits Supplians n'ont entendu & leurs ont toujours dit qu'ils n'entendoient de les troubler en ladite Maîtrise, mais qu'il est question d'un Réglement d'entr'eux & lesdits Supplians; la connoissance duquel Réglement ne peut appartenir qu'à ladite Cour de Parlement & non à ladite Cour des Monnoyes, d'autant qu'en la dorure des Gardes d'épées il n'est question d'or ni d'argent, parce que ce qui est appliqué est à l'instant converti en fer sur lequel faux donné à entendre votredite Majesté, auroit renvoyé ledit Procès & differend en ladite Cour des Monnoyes à Paris, & défendu la connoissance d'icelle en votredite Cour qui est le naturel Juge des Parties pour les regler sur le fait de leur Maîtrises, ayant donné d'autres Arrêts en cas semblables, & en vertu desdites Lettres fait assigner lesdits Supplians pardevant lesdits Géneraux des Monnoyes & fait faire défenses de ne poursuivre en ladite Cour de Parlement, à peine de mille écus d'amande où ils sont maintenant poursuivis, & d'autant, SIRE, que ce differend n'est comme dit est, de la connoissance desdits Géneraux ains de votredite Cour de Parlement, ayant pour cet effet renvoye lesdites Parties en icelle, où ils ont volontairement poursuivi, & lesdits Arrêts donnés avec eux comme il appert par les piéces ci-attachées. Plaise à VOTRE MAJESTÉ, sans avoir égard auxdites Lettres du dix-huitiéme Fevrier, ainsi obtenus en toute surprise & sous faux, donnés à entendre par lesdits Jurés Doreurs, lesquelles sont cassées, revoquées & annulées lesdites Parties, conformément à votre Arrêt du vingt-huitiéme Septembre dernier, seront renvoyées en votredite Cour du Parlement pour leur faire droit & donner tels & Réglemens qu'elle avisera bon être, avec défense auxdits Généraux des Monnoyes de prendre connoissance dudit procès & différend, à peine de nullité de leur jugement, & auxdits Jurés d'y en faire aucune poursuite sous pareille peine de mille écus d'amende applicable du tiers à V. M. l'autre tiers au profit de qui en fera la poursuite, & l'autre tiers aux pauvres de l'Hôtel-Dieu de votredite Ville de Paris; au payement de laquelle ils seront contraints comme pour vos propres deniers & affaires; & les Supplians continueront de prier Dieu pour V. M. & pour lesdits Supplians. *Signé* MARÉCHAL & par ledit CORTHER & JEAN LARCHER. Au dessous desdits seings est écrit :

Cette Requête sera signifiée auxdits Doreurs & Damasquineurs de cettedite Ville de Paris, & aussi à eux baillé acte, que pardevant votre Conseil, auquel ils seront tenus rapporter lesdites Lettres Patentes par eux obtenues les dix-huitiéme Février dernier, & les mettre ès mains de Maître Charles Boucher, Conseiller & Maître des Requêtes ordinaire de l'Hôtel, pour y celles vûes & lesdites Parties par lui sommairement ouyes, en être fait rapport audit Conseil; fait audit Conseil d'Etat tenu à Paris, le vingt-uniéme jour de Mars 1584. *Signé* DOLU.

Le vingt-quatriéme jour de Mars 1584. à la Requête des Maîtres Jurés Fourbisseurs de cette Ville de Paris, l'original de la copie de Requête & Ordonnance mise au bas d'icelle transcrites de l'autre part, a été montrée & signifiée aux Doreurs & Damasquineurs de cettedite Ville de Paris, en parlant à Fleurent Boursé, l'un des quatres Maîtres Jurés des Doreurs & Damasquineurs, en son Domicile en la rue de la Pelleterie, & à ce qu'ils n'en prétendent cause d'ignorance auxquels parlant comme dit est, j'ai donné assignation à comparoir Mardi prochain au Conseil d'Etat du Roi, pour y rapporter lesdites Lettres y mentionnées & autrement procéder sur le contenu en ladite Requête ainsi qu'il appartiendra comme de raisons; lequel Boursé a fait réponse qu'il leur est impossible de pouvoir representer lesdites Lettres audit Conseil, d'autant que les ayant fait representer & signifier à la Cour de Parlement, icelles les auroit retenues, & leur étoit en toute impossibilité de les en pouvoir retirer, fait par moi Huissier ordinaire du Roi & en son Grand Conseil, soussigné. *Signé* MANDOSSE, avec paraphe.

Du sept Mai 1584.

HENRY, par la grace de Dieu, Roi de France & de Pologne: A nos Amés & féaux Conseillers les Gens tenans nos Cours des Monnoyes de Paris; SALUT. Les Doreurs, Damasquineurs de notre Ville de Paris, ayant depuis peu de tems, obtenu de Nous certains Priviléges vérifiés en notre Cour comme vrais Juges naturels, auxquels la connoissance de telles matieres appartient, Nous vous aurions aussi en conséquence, sur le differend intervenu entre lesdits Maîtres Doreurs & Fourbisseurs de notredite Ville de Paris, sur les faits & Réglemens de leur Maîtrise, en ce qui concerne les Ouvrages de Doreurs & Damasquineurs, fait expedier nos Lettres Patentes en forme de Déclaration du vingt-sixiéme jour de Février dernier, par lesquelles & pour les causes y mentionnées, Nous vous aurions renvoyé & attribué la connoissance desdits procès & differends, pour être par vous jugés diffinitivement; & lesdits Doreurs & Fourbisseurs reglés au fait de leur Maîtrise, ainsi que connoîtrez être raisonnable, comme aussi sa police, droit de visitation & correction des abus, erreurs & maléfices qui pourroient être commis & perpétués au fait & exercice des Maîtres Doreurs & Damasquineurs, en tout privativement à notredite Cour de Parlement, Prevôt de Paris, & tous autres nos Juges, ainsi qu'il est plus à plein contenu esdites Lettres, au préjudice desquelles les Jurés Fourbisseurs auroient présenté Requête à notredit Conseil d'Etat, le vingt-uniéme jour de Mars dernier ; sur laquelle il auroit été ordonné que défenses seroient faites auxdits Maîtres Doreurs, Damasquineurs de faire exécuter lesdites Lettres; & que commandement leur seroit fait de les mettre ès mains de Maître Charles Boucher, notre Conseiller & Maître des Requêtes ordinaire de notre Hôtel, pour nous en donner avis, ce qui est directement contre nos vouloirs & intentions portés par la Déclaration pour nous faites en notredit Conseil d'Etat, le sixiéme du présent mois, sur l'avis à Nous donné par les Commissaires par Nous députés pour voir les articles concernans les contraventions faites à notredit Edit des Arts & Métiers de notre Royaume.

Nous, A CES CAUSES, après en avoir fait lecture en notredit Conseil d'Etat, l'Arrêt intervenu sur lesdits avis le vingt-sixiéme jour de Février dernier ; lesdites Lettres obtenues ledit jour en vertu dudit Arrêt, & ladite Déclaration du sixiéme du présent mois. Ensemble icelle Requête présentée en notredit Conseil par lesdits Maîtres Jurés & Fourbisseurs, & défenses obtenues sur icelles, Avons, de l'avis d'icelui notredit Conseil, en levant lesdites défenses, ordonné & ordons, conformément auxdits avis & déclarations, que lesdites Lettres ainsi expediées, & à vous adressantes, sortiront leur plein & entier effet: Voulons, vous mandons, commandons & très-expressement enjoignons que, sans avoir égard aux défenses, vous ayez à retenir & faire exécuter lesdites Lettres de point en point, selon leur forme & teneur, sans permettre qu'il y soit par iceux Maîtres & Jurés Fourbisseurs & Doreurs aucunement contrevenu. Vous ayant, de rechef

& d'abondant, en tant que de besoin est ou seroit, attribué & attribuons toute Cour, Jurisdictions & connoissance de leursdits differends privativement à notredite Cour de Parlement & tous autres nos Juges, voulans qu'à cet effet, ces Présentes soient montrées & signifiées auxdits Maîtres Jurés Fourbisseurs & Doreurs, à ce qu'ils n'en prétendent cause d'ignorance; & iceux Maîtres Fourbisseurs & Doreurs, être par vous respectivement contraints à se faire & obéir par les peines, & ainsi qu'il est contenu en icelles nos Lettres : Car tel est notre plaisir; nonobstant les differens Arrêts & Lettres Patentes obtenues ou à obtenir à ce contraires. Donné à Saint Maur, le septiéme jour de Mai, l'an de grace 1584, & de Notre Régne le dixiéme. Ainsi *Signé* par le Roi. De Rys, Conseiller en son Conseil d'Etat présent, Deneufville, & scellé du grand scel sur simple queue de cire jaune. Collationné sur l'original par moi Notaire Sécretaire du Roi. De Framont, avec paraphe.

A NOSSEIGNEURS DU PARLEMENT.

Du 2 Juin 1586.

Supplient humblement les Maîtres Jurés Ciseleurs, Doreurs, Damasquineurs sur fer, fonte, cuivre & laiton, de cette Ville de Paris, disans que, au mois d'Août 1573. ils auroient obtenu du feu Roi Charles, que Dieu absolve, Lettres Patentes en forme de Déclaration & Ordonnances pour le réglement & police de leurs Métiers, adressantes tant à la Cour de Parlement qu'au Prévôt de Paris, pour être lûes, publiées & regiſtrées, & faire jouir les Supplians ſelon les articles d'Ordonnance attachés, & depuis quelque tems auroient été vérifiées & homologuées par le Prévôt de Paris ou ſon Lieutenant, & ſuivant icelles les Supplians ſe ſeroient pourvûs pardevers le Roi, & obtenu de lui Lettres de confirmation adreſſantes à ladite Cour, pour faire vérifier & homologuer leurſdites Lettres en forme d'Edit & d'Ordonnance. CE CONSIDERE', Noſſeigneurs, s'il vous appert deſdites Lettres Patentes du Roi, en forme d'Edit & Ordonnance dudit Métier de Doreur, de la vérification d'icelles faite par leſdits Sieurs Prévôt de Paris, ou ſon Lieutenant, enſemble des Lettres Patentes du Roi de confirmation deſdites Ordonnances adreſſantes à ladite Cour, pour être vérifiées & homologuées : le tout ci-attaché. Il vous plaiſe de vos graces, procéder à la vérification & homologation d'icelles Ordonnances & Lettres Patentes obtenues en forme d'Edit, ſuivant leſdites Lettres par leſdits Supplians, & tout autre qu'il appartiendra, en jouir & être inviolablement gardées & obſervées, ſelon leur forme & teneur, & vous ferez bien. *Signé* J. DE LA ROCHE. Et répondu : ſoit montré au Procureur Général du Roi. Fait le deuxiéme Juin 1586. Et plus bas eſt écrit. Je n'empêche pour le Roi la vérification deſdites Lettres. Ainſi *Signé* DE LA GUESLE.

Du 11 Juin 1586.

FURENT présens en leurs Personnes, Nicolas Boutin, Melchior Petit, Jurés Ciseleurs, Doreurs, Damasquineurs sur fer, fonte, de Paris; Jacques le Menu, Noël & Martin Meraudel, Charles Dubois, Jean Goulier, Blaise Auger, Pierre Bourré, Jean Mauger, Noël Prévost, Claude Pinson, Bertrand Bocquet, Martin Auviller, Jacques Mérigor, Georges Caudeber, Thomas le Riche & François Hérisson, tous Maîtres Ciseleurs, Doreurs & Damasquineurs sur fer & fonte, de Paris, présens, lesquels tant pour eux que pour tous autres, font & constituent Procureur, pour & au nom desdits constituans, consentir & accorder la vérification & homologation de certaines Lettres Patentes données au mois d'Août 1573 Ordonnances & Lettres Patentes obtenues en forme d'Edit, suivans les Lettres de confirmation des présens mois & an, & déclarent qu'ils ne veulent & n'entendent procéder les uns contre les autres, ni faire division dudit état, en aucune maniere que ce soit, ni s'addresser ailleurs que pardevant le Prévôt de Paris, leur vrai Juge naturel politique, pour connoître des fraudes, abus & malversations qui se pourroient commettre par ceux dudit état, suivant lesdits Statuts, & n'entendent y contrevenir: aussi que le contenu de ladite Sentence sortira son plein & entier effet, force & vertu, & lesquelles ils veulent & entendent maintenir de point en point, selon leur forme & teneur, & généralement, promettant & obligeant. Fait & passé ès Etudes des Notaires soussignés, l'an mil cinq cent quatre-vingt six, le Mercredi onziéme jour de Juin après midi, & ont lesdits Noël & Martin Meraudel, Jacques Goulier, Blaise Auger; Claude Pinson, Bertrand Bocquet, Georges Caudeber & Thomas le Riche, déclaré ne sçavoir écrire ni signer; & quant aux autres, ont *Signé* la minute, étant pardevers ledit Tassart. Aussi *Signé* TASSART & LE NORMANT.

A NOSSEIGNEURS DE PARLEMENT.

Du 13 *Juin* 1586.

SUPPLIENT humblement Nicolas Boutin, Melchior Petit, Jacques le Menu, Noël & Martin Meraudel, Charles Dubois, Jean Goulier, Blaise Auger, Pierre Bourré, Jean Mauger, Noël Prevost, Claude Pinson, Bertrand Bocquet, Martin Auviller, Jacques Mérigor, Georges Caudeber, Thomas le Riche & François Herisson; tous Maîtres Ciseleurs, Doreurs, Damasquineurs sur fer, fonte, cuivre & laiton de cette Ville de Paris; Disant que les Maîtres Jurés & Gardes de leurs Métiers, auroient ci-devant obtenu Lettres Patentes en forme d'Edit & Ordonnance, desquelles ils poursuivoient la vérification & publication en ladite Cour, suivant les Lettres de confirmation à eux octroyées par le Roi; & d'autant que lesdits Supplians, comme faisant la plus grande partie de ceux du Métier, ont déclaré par procuration, qu'ils ont à cette fin passée à leur Procureur, comme encore ils déclarent ce jourd'hui 13e jour de ce présent mois de Juin, qu'ils ne veulent & n'entendent se diviser ni proceder les uns contre les autres, ni faire division de l'état, de quelque sorte & maniere que ce soit, ni reconnoître autre que ladite Cour, le Prévôt de Paris, leur vrai Juge politique, pour reconnoître des fraudes, abus & malversations qui se pourroient commettre audit état, suivant lesdits Statuts, auxquels ils n'entendent contrevenir, consentant & accordant, sous le bon plaisir de ladite Cour: que le contenu d'icelles Lettres Patentes, sortent leur plein & entier effet, force & vertu. Ce consideré, Nosseigneurs, & attendu la Sentence présentée par lesdits Supplians, par vertu de la procuration ci-attachée, pour consentir à la publication & vérification desdites Lettres Patentes, en forme d'Edit, présentées à ladite Cour. Il vous plaise, de vos graces proceder à la vérification & homologation d'icelles Lettres Patentes & Ordonnances obtenues en forme d'Edit, pour être par lesdits Supplians & tous autres de leurdit Métier, gardées & observées de point en point, selon sa forme & teneur, & vous ferez bien. Ainsi *Signé*

DE LA ROCHE.

Du 12 Juin 1586.

A Tous ceux qui ces Présentes Lettres verront: Antoine Duprat, Chevalier de l'Ordre du Roi, Seigneur de Nanteuille, Priery, Rozay & de Fermesir, Baron de Thiery, Thoury & Vitraux, Conseiller de Sa Majesté, son Chambellan ordinaire & garde de la Prévôté de Paris. SALUT.

SALUT : Sçavoir, faisons que aujourd'hui date de ces Présentes, sur la Requête à nous faite & baillée par écrit par les Maîtres Ciseleurs, Doreurs, Damasquineurs & Graveurs sur fer, fonte, cuivre & laiton, de Paris, comme ils aient obtenu du Roi Lettres en forme d'Ordonnance, pour les reglemens & police de leur Métier à nous adressantes, pour les en faire jouir selon les articles d'Ordonnance y attachées; & pour ce que quelques-uns de leurs Corps se seroient voulus distraire de notre Jurisdiction, & obtenu Lettres adressantes aux Généraux des Monnoyes, auxquelles Lettres lesdits Supplians se seroient rendus opposans, & auroient tant & si bien poursuivi, que par ledit Arrêt, tant de la Cour de Parlement de Paris, que du Privé Conseil du Roi, le tout nous auroit été renvoyé comme leur souverain Juge politique, & sur ce donné Sentence, par laquelle aurions ordonné que ceux qui étoient pourvûs en ladite Cour des Généraux, demeureroient Maîtres audit Métier, & que ceux qui auroient été reçus Jurés pardevant nous, continueroient leurs charges, & aujourd'hui reste à vérifier & homologuer par Nous les Ordonnances & Lettres Patentes en forme d'Ordonnance & d'Edit, pour être gardées & observées selon le contenu d'icelles, & être enregistrées aux Registres de la Police & de la Chambre du Procureur du Roi, pour y avoir recours comme aux originaux. Considéré laquelle Requête, attendu ce que dessus, & qui nous est apparu des articles d'Ordonnances & Lettres Patentes & Arrêts desdits Supplians. Et oui sur ce ledit Procureur du Roi, auquel pour & au nom dudit sieur, le tout a été montré & communiqué, & de son consente-

ment avons lesdits articles d'Ordonnance & Lettres Patentes homologuées, icelles homologuons & ordonnons qu'elles seront observées & gardées inviolablement selon leur forme & teneur, pour en jouir par lesdits Supplians & leurs successeurs, & faisons défenses à tous autres d'entreprendre sur icelles, sur les peines y contenues & plus grandes, s'il y échoit. En temoignage de ce Nous avons fait mettre à ces Présentes le scel de ladite Prévôté de Paris. Ce fut fait par noble homme & sage Me Mathias de la Fregne, Conseiller du Roi, & son Lieutenant particulier de ladite Prévôté de Paris, le Samedi douziéme jour de Juin 1586. Ainsi *Signé*

DROUART.

EXTRAIT DES REGISTRES DE PARLEMENT.

Du 9 Juillet 1586.

VUES par la Cour les Lettres Patentes du Roi en forme de chartres, données à Paris au mois de Mai dernier, paraphées, signées & sur le repli. Par le Roi. COMBAUD. Par lesquelles ledit Seigneur désirant maintenir & conserver les Maîtres Ciseleurs, Doreurs, Damasquineurs sur fer, fonte, cuivre & laiton de cette Ville de Paris, en la jouissance de leurs Priviléges & Statuts de leur Métier, créé & établi par le feu Roi Charles dernier, par ses Lettres Patentes du mois d'Août 1573. confirmé, approuvé & ratifié lesdits Statuts & Priviléges, pour en jouir par lesdits Maîtres Doreurs & leurs successeurs, Maîtres dudit Métier, en la même forme & maniere qu'ils en ont ci-devant bien & dûement joui & usé.

Vues aussi lesdites Lettres Patentes du Roi, Chartres, Statuts dudit Métier attachés sous le contre scel de la Chancellerie, la Requête présentée à ladite Cour par lesdits Maîtres Jurés, Ciseleurs, Doreurs, Damasquineurs sur fer, fonte, cuivre & laiton de cette Ville, afin de vérifier lesdites Lettres de création en métiers, Statuts & confirmation d'iceux, avec une Requête présentée à ladite Cour par Nicola Butin, Melchior Petit, Jacques le Menu, Noël & Martin Meraudel, Charles Dubois, Jean Goulier, Blaise Auger, Pierre Bourrier, Jean Mauger, Morel Prevost, Noël-Claude Pinson, Bertrand Bocquet, Martin Auviller, Jacques Mérigor, Georges Caudeber, Thomas le Riche & François Hérisson, tous Maîtres Ciseleurs Doreurs, Damasquineurs sur fer, fonte, cuivre & laiton de cette Ville, afin de procéder à la vérification desdites Lettres & Statuts, la procuration par eux passée contenant les consentemens pardevant le Normant & Tassart, Notaires au Châtelet, le onziéme Juin dernier. Les Conclusions sur ce du Procureur Général du Roi, & tout considéré. Ladite COUR a ordonné que lesdites Lettres Patentes du Roi Charles, contenant création dudit Métier, Lettres de confirmation, & leursdits Statuts, seront registrées ès registres d'icelle. Oui le Procureur Général du Roi, pour jouir par lesdits impétrans & leurs successeurs du contenu en icelles, comme ils en ont ci-devant bien & duement joui & usé, jouissent & usent encore à présent. Fait en Parlement, le neuviéme Juillet mil cinq cent quatre-vingt-six. Ainsi *Signé* PREVOT.

Collationné aux six Originaux des six pieces ci-devant écrites par nous Notaires du Roi, au Châtelet de Paris, soussigné le sept Decembre 1594. le fait rendu. Signé JACQUES & CREVAULT *Notaires, avec paraphe.*

Du 9 Juillet 1586.

HENRY, par la grace de Dieu, Roi de France & de Pologne, à tout présent à venir. SALUT : Nos chers & bien amés les Maîtres Doreurs sur fer, fonte, cuivre & laiton, de notre bonne Ville de Paris, Nous ont fait remontrer que feu notre très-cher & féal frere le Roi Charles dernier décédé, que Dieu absolve, auroit par ses Lettres du mois d'Août dernier 1583, crée & établi ledit métier de Doreurs en métier Juré de notredite Ville de Paris, & voulu icelles être gardées & observées selon, suivant le contenu ès articles ci-attachés, dont iceux Supplians auroient depuis paisiblement joui, comme ils font encore depuis ; mais ils doutent que à cause qu'ils n'ont, depuis notre avenement à la Couronne, obtenu de Nous Lettres de confirmation, on ne les voulût troubler en la jouissance de leurs Priviléges. A quoi ils nous ont très-humblement suppliés & requis leur pourvoir sur ce de nos Lettres à ce nécessaire. Sçavoir faisons, que Nous désirant maintenir & conserver lesdits Supplians de la jouissance de leursdits Statuts & Priviléges qui sont ci-attachés sous notre contre-scel, de l'avis de notre Conseil, leur avons iceux confirmés, approuvés & ratifiés, confirmons, approuvons & ratifions par ces Présentes, pour en jouir par eux & leurs ſucceſſeurs, Maîtres Jurés dudit Métier, tant & ſi avant, & en la même forme & maniere qu'ils en ont ci devant bien & dûement joui, jouiſſent, uſent encore à préſent. Si donnons en Mandement à nos amés & feaux Conſeillers les Gens tenans nos Cours de Parlement à Paris, Prevôt dudit lieu, ſon Lieutenant Civil & Criminel, & à tous nos autres Juſticiers & Officiers qu'il appartiendra, que du contenu de notre préſente confirmation, ils faſſent tranſcrire & rappeller leſdits Supplians jouir & uſer pleinement & paiſiblement, ſans en ce leur faire mettre ou donner, ni ſouffrir leur être fait mis & donné aucun trouble ou empêchement à ce contraires. Car tel eſt notre plaiſir; & afin que ce ſoit une choſe ferme & ſtable à toujours, Nous aurions fait mettre notre ſcel à ceſdites Préſentes; ſauf en autre choſe notre droit & l'autrui en tout. Donné à Paris, au mois de Mai, l'an de grace 1586, & de notre Regne le douziéme. Ainſi *Signé* ſur le repli. Par le Roi en ſon Conſeil. COMBAULT, & au côté, *Viſa contentor* DE POMMERON, regiſtré; oui le Procureur Général du Roi à Paris en Parlement, le neuviéme Juillet, l'an mil cinq cênt quatre-vingt-ſix. *Signé* de HENRY. Et ſcellé en las de ſoye rouge & verte, du grand ſceau de cire verte, & au dos eſt écrit ce mot *regiſtrata* avec un paraphe.

Lettres Patentes données par le Roi Henry III. qui confirment le Droit de Maîtrise accordé à la Communauté des Maîtres Ciseleurs, Doreurs, Argenteurs, &c. par le Roi Charles IX.

Du 9 Juillet 1586.

HENRY, par la grace de Dieu, Roi de France & de Pologne : à tous présens & advenir. SALUT : Nos chers & bien-aimés les Maîtres Doreurs sur fer, fonte, cuivre & laiton en notre bonne Ville de Paris : Nous ont fait remontrer que feu notre cher sieur & frere le Roi Charles dernier décédé, que Dieu absolve : auroit par ses Lettres du mois d'Août 1573. ordonné & établi ledit métier de Doreur en métier Juré en notredite Ville de Paris ; & voulu icelui être gardé & observé selon & suivant le contenu ès articles ci-attachez, dont iceux Supplians auroient depuis paisiblement joui, comme ils sont encor de présent : mais ils doutent qu'à cause qu'ils n'ont depuis notre advenement à la Couronne obtenu de nos Lettres de confirmation, on ne les voulût troubler en la jouissance de leurs Priviléges, à quoi ils nous ont très-humblement suppliés, & requis leur Procureur sur ce, de nos Lettres à ce nécessaires. Sçavoir, faisons ; que Nous désirant maintenir & conserver lesdits Supplians en la jouissance de leursdits Statuts & Priviléges qui sont ci-attachez sous notre contre-scel ; leur avons iceux confirmés, approuvés & ratifiés, confirmons, approuvons & ratifions par ces présentes, pour en jouir par eux & leurs successeurs Maîtres dudit métier, tant & si avant, & en la même forme & maniere qu'ils en ont ci-devant bien & dûement joui & usé, jouissent & usent encore à présent. Si donnons en Mandement à nos amés & feaux Conseillers, les Gens tenans notre Cour de Parlement à Paris, Prévôt dudit lieu, son Lieutenant Civil & Criminel, & tous nos autres Justiciers & Officiers qu'il appartiendra : que du contenu en notre presente confirmation ils fassent, souffrent & laissent lesdits Supplians, jouir & user pleinement & paisiblement, sans en ce leur faire, mettre ou donner, ni souffrir être fait, mis ou donné aucun trouble ou empêchement au contraire : Car tel est notre plaisir ; & afin que ce soit chose ferme & stable à toujours, Nous avons fait mettre notre scel à cesdites Présentes, sauf en autre chose notre droit & l'autrui en toutes. Donné à Paris au mois de Mai, l'an de grace 1586. & de notre regne le douziéme. Ainsi signé sur le reply. Par le Roi, COMBAUT, Et à côté, *Visa contentor*, DE POMMERIT, & scellées sur las de soye rouge & vert en cire verte du grand scel.

Registrées ; oui le Procureur Géneral du Roi, à Paris en Parlement, le neuviéme Juillet 1586. Signé de HEVEZ.

Du 3 Mai 1594.

HENRY, par la grace de Dieu, Roi de France & de Navarre, à tous présens à venir : SALUT. Sçavoir faisons ; que nous avons reçu l'humble supplication des Maîtres Jurés du Métier de Doreurs & Damasquineurs, sur fer, fonte, cuivre & laiton, de notre bonne Ville de Paris, contenant que nos très-chers Freres feus les Rois Charles & Henry derniers décédés, auroient par leurs Lettres du mois d'Août 1583. Décembre 1584. & Août 1593 & autres, crée & établi ledit Métier de Doreur en Métier Juré en notredite Ville de Paris, & voulu les Supplians être gardés & maintenus en icelles, selon & suivans le contenu des articles qui pour ce en furent par eux présentés & donnés, les Supplians auroient toujours depuis joui, comme il font encore de présent, suivant nos Arrêts de nos Cours de Parlement, Grand Conseil & Cour des Monnoyes, intervenus en exécution de nos Lettres, mais qu'ils doutent que à cause qu'ils n'ont depuis notre avenement à la Couronne, obtenu de Nous Lettres de confirmation, on les voulût troubler en la jouissance de leurs Priviléges, à quoi ils nous ont très-humblement supplié & requis leur pourvoir. Pour ce est-il, que désirant subvenir & conserver lesdits Supplians en la jouissance de leurs Statuts & Priviléges ci-attachés sous le contre-scel de la Chancellerie, De l'avis de notre Conseil, Nous les avons iceux confirmés, approuvés, ratifiés, confirmons, approuvons, ratifions par ces Présentes, pour en jouir par eux & leurs successeurs Maîtres dudit Métier, tout ainsi, & en la même forme & maniere qu'ils en ont ci-devant bien & dûement joui & usé, jouissent & usent encore à présent. Si donnons en mandement au Prevôt de Paris, & tous autres nos Justiciers & Officiers, & chacun d'eux en droit soi, si comme à lui appartiendra, que de nos présentes confirmation & affirmation ils fassent, souffrent & laissent lesdits Supplians jouir & user pleinement & paisiblement, sans en ce leur faire mettre ou donner, ni souffrir leur être fait, mis ou donné, en tout aucun trouble & empêchemens à ce contraires, lequel si fait, mis ou donné, étoit, ôtent, mettent & réparent, ou fassent ôter, mettre & réparer incontinent & sans délai, en pleine & entiere délivrance, & au premier état. Car tel est notre plaisir; & afin que ce soit chose ferme & stable à toujours, Nous avons fait mettre notre scel à cesdites Présentes, sauf en autre chose nos droits de l'autrui en tout. Donné à Paris, au mois de Mai, l'an de grace 1594. & de notre Régne le cinquiéme. Ainsi *Signé* sur le repli. Par le Roi, COYNART, & à côté, VISA. Scellé sur la las de soye rouge & verte du grand sceau de cire verte. Au dos est écrit ce mot, *Registrata* avec paraphe.

Collationné à l'Original par nous Notaires au Châtelet de Paris, soussigné le sept Decembre 1594, le fait ledit original rendu. Signé JACQUES & CRIVAULT, *Notaires, avec paraphe*

Du 9 Septembre 1594.

HENRY, par la grace de Dieu, Roi de France & de Navarre, à nos amés & féaux Conseillers les Gens tenans nos Cours de Parlement à Paris, SALUT. Pour ce que, par inadvertance l'on a obmis de vous faire l'adresse des Lettres de confirmation & Priviléges ci-attachées sous notre contre-scel, & par Nous octroyées aux Maitres Jurés du Métier de Doreurs & Damasquineurs sur fer, fonte, cuivre & laiton de notre bonne Ville de Paris, vous pourriez à cette occasion faire difficulté de proceder à la vérification d'icelles, pour en faire jouir lesdits Maîtres Jurés, s'il ne vous étoit mandé par autres Nos Lettres; A CES CAUSES, désirant subvenir sur ce aux Supplians, Vous mandons que, nonobstant, & sans vous arrêter à ladite obmission d'adresse, vous procediez à la vérification de nosdites Letres de confirmation desdits Priviléges, & du contenu d'icelles faire lesdits Maîtres Jurés dudit Métier, jouir & user pleinement & paisiblement, tout ainsi que vous eussiez fait & verifiez, si elles vous eussent été premierement adressées, & dont nous les avons relevés & relevons par cesdites Présentes : Car tel est notre plaisir. Donné à Paris, le quatriéme jour de Septembre, l'an de grace 1594, & de notre Régne le sixiéme. Ainsi *Signé* par le Roi, en son Conseil. COMBAUD, & scellé sur simple queue du grand sceau de cire jaune.

Collationné à l'original representée le tait rendu par Nous Notaires du Roi au Châtelet de Paris, consigné le sept Décembre 1594. *Signé* JACQUES & CRIVAULT, Notaires, avec paraphe.

Du 16 Janvier 1595.

HENRY, par la grace de Dieu, Roi de France & de Navarre; à nos amés & féaux Conseillers, les Gens tenans notre Cour de Parlement à Paris, & au Prevôt dudit lieu, ou son Lieutenant; SALUT. Nos bien amés les Maitres Jurés, Gardes du Métier de Doreur & Damasquineurs sur fer, fonte, cuivre & laiton, de notredite Ville de Paris, Nous ont fait remontrer que leurs Prédécesseurs auroient ci-devant obtenu de nos Prédécesseurs Lettres de création en Métier, Statuts & conformation qui auroient été enregistrées, tant en notredite Cour qu'en ladite Prevôté. Oui notre Procureur Général & son Substitut, pour jouir par les impétrans & leurs successeurs audit Métier du contenu en iceux Priviléges & Statuts, comme ils en ont ci-devant bien & dûement joui & usé, auxquels Priviléges & Statuts, Nous les aurions depuis n'a guere confirmés; & d'autant qu'ils y pourroient être empêchés par aucuns qui voudroient entreprendre sur ledit Métier, ils nous ont suppliés & requis pour vouloir sur ce pourvoir. NOUS, A CES CAUSES, Vous mandons & à chacun de vous, si comme à lui appartiendra, enjoignons, *que vous apparoissant desdits Priviléges & Statuts*, & qu'iceux ayent été par Nous confirmés, vous ayiez à maintenir & conserver lesdits Exposans & leurs successeurs audit Métier, en la jouissance desdits Priviléges & Statuts d'icelui Métier, & les en faire jouir & user, comme ils en ont bien & dûement jouis & usés, ainsi qu'il est ci-devant mandé par lesdites Lettres de création, sans qu'il leur soit mis ou donné aucun trouble ou empêchement à ce contraire; contraignant à ce faire & obéir tous ceux qu'il appartiendra, & qui pour ce seroient à contraindre. Car tel est notre plaisir; nonobstant quelconques Edits, Ordonnances & Mandement, défenses & Lettres obtenues ou à obtenir à ce contraires. Donné à Paris, le seiziéme jour de Janvier, l'an de grace 1595. & de notre regne le sixiéme. Par le Roi en son Conseil. *Signé* PEZZOT.

Déliberation de la Communauté des Maîtres Doreurs, Argenteurs, &c. qui fixe le tems que les Maîtres dudit Metier doivent être sans faire d'Apprentifs, & le tems des Apprentissages.

Du 14 *Avril* 1604.

FURENT présens & comparurent personnellement honorables hommes Cléophas Herissant, Pierre Bocquet, Jean Viollet, tant pour eux que pour Pierre Cottin, tous Maîtres Ciseleurs, Doreurs, Damasquineurs sur fer, fonte, cuivre & laiton, à Paris, & Jurez dudit métier, Martin Aurillet, Nicolas Potier, Jean de la Croix, Claude Pinceau, Noël de Beauvais, Bertrand Bocquet & Martin Merandel, tous aussi

Maîtres Doreurs sur lesdits Mestaux, & Bacheliers dudit métier. Nicolas de la Pierre, Christophe de Baux, Simon Dubois, Jean Delescourt, Pierre Prevost, Jean Liguer, Antoine Dubois, Philippes Richardiere, Marin Girault, Michel Lamoureux, Estienne Picaut, Jean Cartier, Alienor Trepigny, Guion le Grand, Jacques Harlan, François le Clerc, Noël du Tartre, Philbert Laurent, Jacques le Clerc, Jean du Mont, Pierre Vallée, Jean Vallée, Jean Petit & Jean le Grand, tous aussi Maîtres Ciseleurs, Doreurs, Damasquineurs sur fer, fonte, cuivre & laiton à Paris, tous y demeurans, faisant & représentant la plus grande & saine partie du Corps dudit métier; disant qu'à cause du grand nombre qu'ils sont en icelui métier, qui s'accroit journellement par la réception qui se fait trop facilement à la maîtrise, il ne peuvent gagner qu'à grande peine leur vie & de leur famille, à quoi ils ne sçauroient remedier que par le moyen qui ensuit: c'est à sçavoir, qu'ils ont statué, accordé ensemble, tant pour leur profit & commodité, que de tous les Maîtres d'icelui métier présens & advenir, que doresnavant nul Maître dudit métier de Ciseleurs, Doreurs, Damasquineurs, ne pourra prendre qu'un Apprentif en l'espace de dix ans, pour le regard de ceux qui sont à présent Maîtres dudit métier; & quant au compagnons & autres qui ne sont encore Maîtres, ne pourront prendre aucun Apprentif que dix ans après leur réception, après lequel tems passé, ils pourront avoir & prendre un Apprentif de dix ans en dix ans, & pour requerir pardevant tous Juges, & en toutes Cours qu'il appartiendra, que ce que dessus soit joint, & encore avec les Ordonnances, Statuts & Priviléges du susdit métier, inséparablement tout ainsi qu'iceux Statuts, Priviléges & Ordonnances ont tous les dessus nommez fait, nommé, créé, & constitué leur Procureur général, spécial & irrévocable, Me Charles le Roi, Procureur au Châtelet de Paris, auquel ils ont donné pouvoir & puissance de ce faire, ensemble toute remontrance nécessaires à cette fin, & au surplus plaider, renoncer, appeller, élire domicile, substituer, & generalement prononcer, obliger. Fait & passé ès Etudes des Notaires soussignés, le 31 & dernier jour de Mars après midi, 1604, & ont lesdits Pierre Bocquet, Aurillet, Poussé, de Beauvais, du Bot, Simon Dubois, Prevost, Ligner, Richardieres, Lamoureux, Turpin, Harlan, François & Jacques le Clerc, Dutartre, Laurent, Petit & Jean le Grand, signé la minutte des présentes: Quant aux autres, ont déclaré ne sçavoir écrire ni signer, sur ce enquis pour satisfaire à l'Ordonnance. Et ledit jour aussi après midi sont comparus Pierre du Creux, Constantin Sonet, Jean de saint Denis, Vallerien Bocquet, Arthus, Thiverny, tous Maîtres Doreurs, Damasquineurs sur fer, cuivre, fonte & laiton, lesquels, après lecture à eux faite de la procuration ci-dessus écrite, ont aussi fait & constitué leur Procureur ledit Me Charles le Roi, Procureur au Châtelet de Paris, à l'effet déclaré en icelle procuration, & generalement, promettant, obligeant. Fait & passé ès Etudes des Notaires soussignés, les jours & ans des susdits, & ont lesdits du Creux & de saint Denis, signé la minute des présentes, & quant aux autres, déclaré ne sçavoir signer. *Signé* GOSMER & LE VASSEUR.

Collationné à l'Original, ce fait rendu par les Notaires soussignés, l'an 1608. le 22 Septembre. Signé HAGUENIE & DOURNEL.

Sentence du Prevôt de Paris, qui homologue ladite Déliberation.

Du 14 Avril 1604.

A Tous ceux qui ces présentes Lettres verront, Jacques Daumont, Chevalier Baron de Chappes, Sieur d'Un le Palteau, Conseiller du Roi, Gentil-homme ordinaire de sa Chambre, & Garde de la Prevôté de Paris : Salut sçavoir faisons, qu'aujourd'hui sur la Requête à Nous faite & baillée par écrit par les Jurés Doreurs sur fer, cuivre, laiton de cette Ville de Paris ; à ce que pour éviter au grand & affirmé nombre des Maîtres qui sont en cette Ville, au moyen duquel les uns pour les autres ils ne peuvent gagner leur vie, de sorte qu'aucuns sont contraints prendre autres vacations, les autres reduits quasi à mandicité, ce qui advient par le grand nombre d'Apprentifs qui se font audit métier, par lesdits Maîtres de cinq ans en cinq, après lesquels expirez ou peu de tems après lesdits Apprentifs sont reçeus Maîtres, n'étant leurs cas qu'un enrichissement de besongne au plaisir des Grands, pour à quoi obvier nous auroient présenté Requête, en vertu de laquelle ils auroient fait appeller pardevant Nous, tous les Maîtres dudit métier, pour être ouis & donner advis sur le réquisitoire desdits Jurés, qui étoit, à ce que doresnavant les

Maîtres dudit métier ne puissent avoir qu'un Apprentif en dix ans, & que les Maîtres qui seront en après reçus ne puissent prendre Apprentifs que dix ans après leur réception, fors & excepté les enfans des Maîtres, qui jouiront de pareils priviléges que leurs peres, tous lesquels, ou la plûpart d'iceux, auroient accordé pardevant le Vasseur & Chappelain Notaires, le 31 & dernier jour de Mars dernier passé & autres, pardevant le Procureur du Roi en la Cour de céans, la requête & réquisitoire desdits Jurés, laquelle avoit été empêchée par Noël Thiverny, Blaise Auger, Jean Science & Jean Pertuisa; surquoi Nous, veu les Ordonnances dudit métier, requête présentée par lesdits Jurés aux fins que dessus, consentement passé par tous les Maîtres dudit métier, tant pardevant Chappelain & le Vasseur Notaires, que Procureur du Roi, excepté lesdits Thiverny, Auger, Science, Pertuisa. Advis dudit Procureur du Roi du 13 du présent mois, ayant égard au requisitoire desdits Jurés; & en faisant droit, Ordonnons que doresnavant les Maîtres dudit métier de Doreurs sur fer, cuivre & laiton de cette Ville, ne pourront avoir qu'un Apprentif en dix ans, & que les Maîtres qui seront ci-après reçûs audit métier, ne pourront prendre Apprentifs que de dix ans après leur reception, excepté les enfans desdits Maîtres, lesquels étant reçûs jouiront de pareils priviléges que leurs peres, & ce nonobstant l'opposition & empêchement desdits Thiverny, Auger, Science, & Pertuisa, lequel Reglement sera annexé avec les Ordonnances dudit métier, & inviolablement gardé & observé par tous les Maîtres d'icelui, avec lesdites Ordonnances, à peine de trente

trente livres parisis d'amende. En témoin de ce nous avons fait mettre à ces présentes le scel de ladite Prevôté de Paris. Ce fut fait par noble homme Me Antoine Ferrand, Conseiller du Roi, & Lieutenant Particulier de la Prevôté & Vicomté de Paris, le Mercredi quatorziéme jour d'Avril 1604. *Signé* DROVART.

Arrêt du Parlement qui confirme la Délibération ci-devant, aussi bien que la susdite Sentence, & en ordonne l'exécution.

Extrait des Regiſtres du Parlement, du 8 Février 1607.

VEU par la Cour la Requête à elle présentée par Martin Merandelle, Jean Lignier, Jean Petit & Jean Vallée, Maîtres Doreurs sur fer, cuivre & laiton, à present Jurés dudit métier en cette Ville de Paris; par laquelle, attendu que par le moyen des Lettres de Maîtrise qui ont été données depuis quinze & vingt ans, il a été fait grande quantité de Maîtres, lesquels chacun d'eux auroient pris un Apprentif, & auroient tellement augmenté le nombre, que les uns pour les autres ne peuvent vivre ni gagner leur vie, même aucuns sont contraints & reduits à mandicité; c'est pourquoi pour conserver leurdit métier, ils se seroient assemblez & seroient demeurez d'avis d'un commun accord, que dorénavant nul Maître dudit métier ne prendrons qu'un Apprentif dans le temps & espace de dix ans, & que les Compagnons & autres qui ne sont encore reçus Maîtres audit métier, ne pourront prendre aucun

Apprentif que de dix ans après le jour de leur reception, après lequel temps ils pourroient avoir & prendre un Apprentif de dix ans en dix ans : Ce qui auroient été arrêté en leur compagnie, pour demeurer ſtatuts au Corps dudit métier, & ſuivant ce auroient baillé leur Requête au Prevôt de Paris, lequel oui le Subſtitut, le Procureur Général du Roi avoir donné Sentence du 14 Avril 1604. confirmative dudit advis, ils requeroient que ladite Sentence ſera regiſtrée au pied des ſtatuts dudit métier, vérifiée en ladite Cour le 9 Juillet 1586. pour demeurer incorporée à leurs ſtatuts dudit métier pour le bien public; veu auſſi les Lettres de confirmation des ſtatuts du métier deſdits Supplians, l'autre fait en l'aſſemblée des Maîtres dudit métier du 31 Mars 1604. le Jugement du Prevôt de Paris ou ſon Lieutenant contenant homologation d'icelui du 14 Avril enſuivant : Concluſions du Procureur Général du Roi, Et tout conſideré. LADITE COUR a ordonné & ordonne, que le contenu en ladite Sentence du 14 Avril ſera adjouté par forme d'article aux ſtatuts deſdits Jurés Doreurs, vérifiez en ladite Cour le 9 Juillet 1586. FAIT en Parlement le huit Février 1607 *Signé* TIERLEMENT.

Collationnée à l'original, ce fait rendu par les Notaires ſouſſignés, l'an 1608. le 29. Septembre.

Signé HAGUENYE & DOURNEL.

ENſuivent les Articles, Statuts & Ordonnances que les Doreurs ſur fer, fonte, cuivre & laiton en ladite Ville de Paris : Supplient la Majeſté du Roi leur confirmer, ratifier & approuver par lesdits, Statuts & Ordonnances Royaux, pour être gardez & obſervez pour évite aux mal-façons, fauſſes & abus qui ſe commettent chacun jour audit métier.

ARTICLE PREMIER.

Premierement que tous Ouvriers dudit métier de Doreur ſur fer, fonte, cuivre & laiton, qu à préſent en beſognent en cette Ville de Paris & Fauxbourgs d'icelle, ſeront reçûs & paſſez Maîtres s'ils le requierent, pourveu que dès longtemps ils ayent beſogné dudit état, & qu'à ce moyen ils en ſoient bons ouvriers ; pour quoi montrer ſeront tenus chacun l'un après l'autre de faire chef d'œuvre dudit métier, pour connoître de leur ſuffiſance.

II. Nul ne ſera doreſnavant reçeu à ladite Maîtriſe dudit métier de Doreur ſur fer en ladite Ville & Fauxbourgs de Paris, s'il n'a été Apprentif ſous les Maîtres d'icelui, le temps & eſpace de cinq ans entiers, ou bien s'il n'a ſervi leſdits Maîtres audit état le temps & eſpace de cinq ans.

III. Auparavant que bailler par les Jurés chef-d'œuvre, à ceux qui voudront aſpirer à ladite Maîtriſe, iceux Jurés ſeront tenus de s'enquerir de leur bonne vie, mœurs, par les Maîtres, leſquels ils auront ſervis, ou fait leur apprentiſſage, pour ſelon leur rapport qu'ils en auront, ordonner chef-d'œuvre, ou les en refuser.

IV. Lequel chef-d'œuvre après ladite inquisition faite, seront tenus les Compagnons qui aspireront à ladite Maîtrise, faire en la maison de l'un desdits Jurés, tel qu'il sera advisé, & icelui fait & parfait, en feront lesdits Jurés leur rapport en la Chambre du Procureur du Roi audit Châtelet dedans vingt quatre heures, lequel après fera faire le serment pour ce dû & accoutumé, à ceux qui auront été rapportez suffisans, & payera celui qui sera reçû Maître à ladite maîtrise, vingt sols parisis au Roi, & ausdits Jurés pour leurs peines, salaires & vacations, pour avoir assisté à voir faire ledit chef-d'œuvre, tel salaire qui leur est par les Ordonnances & Arrêts de la Cour ordonné, sans que lesdits Jurés puissent exiger ou prendre encore qu'il leur fût offert, autres droits, sur peine de privation de l'état & du quadruple.

V. Nul ne pourra faire fait de Maître dudit état en cette Ville & Fauxbourgs, & dresser ouvrier dudit métier en ladite Ville & Fauxbourgs, s'il n'a été institué & reçu Maître audit métier, par la forme & maniere dessus déclarée.

VI. Item. Que doresnavant chacun desdits Maîtres ne pourra avoir plus d'un apprentif, lequel il ne pourra prendre à moindre temps que de cinq ans ; & auparavant que le mettre en besogne, sera tenu faire obliger pardevant deux Notaires, sur peine de quarante sols parisis d'amende ; toutefois sur la derniere année de l'apprentissage de son apprentif en pourra prendre un autre.

VII. Seront tenus lesdits Maîtres quinze jours après qu'ils auront fait obliger leursdits apprentifs, les faire enregiſtrer en la Chambre du Procureur du Roi, leſdits Jurés dudit métier, à ce voir faire appellés, & payeront leſdits Maîtres pour leurſdits apprentifs, quatre ſols pariſis pour la Confrairie, ſur peine au contrevenant, & qui n'auroit dans ledit temps fait ce que deſſus, de quarante ſols pariſis d'amende au Roi.

VIII. Les enfans deſdits Maîtres ſeront reçus à la maîtriſe, en faiſant quelque expérience legere, tel qu'elle leur ſera diviſée par les Jurés, pour montrer de leur ſuffiſance, & leur pourront leurs peres apprendre leur métier, ſans qu'ils tiennent à leurs peres lieu d'apprentif, outre par-deſſus leſquels Maîtres pourront avoir un apprentif en la forme qu'il eſt dit ci-deſſus; toutefois ſi leſdits enfans des Maîtres apprenoient leurdit métier ailleurs qu'en la maiſon de leur pere, ils tiendront lieu d'apprentif; & en tout cas, ſoit en la maiſon de leur pere où d'autre, feront apprentiſſage de cinq ans, auparavant que pouvoir aſpirer à ladite maîtriſe.

IX. Les Veuves des Maîtres, tant qu'elles ſe contiendront en viduité, jouiront de pareils priviléges que leurs maris vivans: mais ſi elle ſe remarient en ſeconde noces, elles perdront ledit privilége, & ne pourront s'entremettre dudit état, mais ſeront tenues de fermer leurs boutiques, ſur peine de quarante ſols pariſis d'amende.

X. Ne pourront les Maîtres dudit métier colleporter leurs ouvrages par les Villes & Fauxbourgs, hôtelleries de Paris, iceux expoſans en vente, mais les vendront en leurs ouvroüiers, ſinon qu'ils en euſſent été requis par les Bourgeois, Marchands forains de leur en porter en leur logis ou hôtellerie ſur pareilles peines.

XI. Nul Maître dudit métier ne pourra faire ni

vendre aucun ouvrage qu'il ne soit bien & dûement fait, sur peine de confiscation desdits ouvrages, & de dix livres parisis d'amende pour la premiere fois, & de plus grande amende pour la seconde fois, à la discrétion de la Justice.

XII Feront lesdits ouvriers tous ouvrages de Doreur & Damasquineur sur fer, fonte, cuivre & laiton, & pourront dorer corcelets, morions, harquebuses, fournimens d'icelles, épieux, épiés, éperons, mors, selles de chevaux & chanfrain, fers de ceintures, gardes d'épées & de dagues, & damasquiner toutes sortes d'ouvrages.

XIII. Nul ne pourra dorer d'or moulu, ni d'or haché, ni dorer d'or de feuille, ni d'argent de feuille, ni damasquiner, ni ciseler sur fer, fonte, cuivre & laiton, sinon les Maîtres Ciseleurs Doreurs & Damasquineurs.

XIV. Les forains qui ameneront ouvragès dudit métier, ne pourront iceux vendre ni exposer en vente en cettedite Ville, que premierement lesdits ouvrages n'ayent été vûs & visités par lesdits Jurés, sur peine d'amende arbitraire: mais aussi seront tenus iceux Jurés, toutes poses laissées, d'aller visiter lesdits ouvrages là où ils seront arrivés, sitôt qu'ils en seront avertis par le Marchand forain, ou autre de par lui, sur pareille peine, & de payer l'intérêt & séjour du Marchand.

XV. Ne pourront les Jurés dudit métier intenter ni commencer un procès, touchant le Reglement fait & Police dudit métier, sans pareillement avertir la Communauté, ou six personnes d'icelle, & ce sur peine ausdits Jurés, de perdre tout ce qu'ils y mettront ou y auront mis, & de porter l'événement du procès en leurs noms.

XVI. Doresnavant lesdites femmes veuves dudit

métier, lesquelles pendant leur viduité, besogneront & tiendront ouvroüers d'icelui métier, ne pourront depuis leurdite viduité, prendre ni faire aucuns apprentifs qui ayent la franchise dudit métier, telles que dit est : bien pourront toutefois tenir les apprentifs de leurs défunts maris, pour le temps qui restera de leur apprentissage, pourvu qu'elles ne se remarient à autres qui soient d'un autre métier.

XVII. Nul Maître dudit métier ne pourra tenir deux ou plusieurs ouvriers en divers lieux, sur peine de dix livres parisis d'amende.

XVIII. Item. Que s'il advenoit qu'aucun Maître dudit métier mariât sa fille à un Compagnon, qui auroit été apprentif, ou servi lesdits Maîtres en notredite Ville de Paris, ou Fauxbourgs d'icelle, par le temps & espace de cinq ans, comme dessus est dit, en ce cas, ledit Compagnon pour se passer Maître, payera pareille somme que les enfans desdits Maîtres, à la réception de ladite Maîtrise.

XIX. Item. Ne pourront les Maîtres dudit métier bailler à besogner à un étranger, que préalablement les Compagnons qui auront été apprentifs dudit métier ne soient mis en besogne, ou refusans de ce faire, s'ils le requierent pour même prix que l'étranger.

XX. Pour la conservation des présentes Ordonnances dudit métier, y aura quatre Jurés qui seront élus, changés de deux ans en deux ans, pardevant les Procureurs du Roi, comme les autres Jurés de cette Ville de Paris en chacun métier, par lesquelles seront faites toutes visitations à faire audit métier, tant en la Ville que Fauxbourgs de Paris, sans que pour visiter esdits Fauxbourgs, ils soient tenus de demander licence aux Hauts-Justiciers desdits Fauxbourgs, attendu qu'il est question de Police, de laquelle la connoissance appartient seulement à notre Prevôt de Paris ou à ses Lieutenans.

XXI. Item. Pourront lesdits Jurés, si-tôt & incontinent qu'ils auront été élus & installé audit état de Juré, par notre Procureur audit Châtelet, se transporter devers & ès maisons de ceux qu'ils sçauront & connoîtront dès à present, se mêler & faire desdits ouvrages de leursdits métier, & les contraindre d'aller servir les Maîtres dudit métier, ou du tout renoncer à icelui métier, si mieux n'aiment se faire recevoir Maître dudit métier : ce qui leur sera loisible, & y seront reçus selon & suivant les modifications contenues ci-dessus.

XXII. Que doresnavant les Maîtres dudit métier de Doreur sur fer, cuivre & laiton de cette Ville, ne pourront avoir qu'un apprentif en dix ans, & que les Maîtres qui seront ci-après reçus audit métier, ne pourront prendre apprentifs que dix ans après leur réception, excepté les enfans desdits Maîtres, lesquels étans reçus, jouiront de pareil privilége que leur pere.

Le présent article a été ordonné être ajouté par Statuts desdits Maîtres Jurés dudit métier, Arrêt de ladite Cour, du 8 Février 1607.

Extrait des Registres des Ordonnances Royaux, Registrées en Parlement. Signé Voisin.

Collationné à l'original, en parchemin, ce fait rendu par les Notaires du Roi, & Gardes-notes en son Châtelet de Paris, soussignés, ce fait, ledit original, signé Voisin, *rendu au porteur le 6 de Mars l'an* 1607. Signé, Mahieu & Moufle.

Collationné à la copie desdits Mahieu & Moufle, ce fait, rendu par les Notaires du Roi notre Sire, au Châtelet de Paris, soussignez, l'an 1708. le 22 Sept.

Signé AGUENYE & DOURNEL.

L'An mil cinq cens quatre-vingt trois, le vingt-sixiéme jour d'Avril, en vertu de l'Edit & Ordonnance du Roi & rôle à moi baillé par noble homme Me Pierre le Gendre, Receveur Général pour le Roi, à faire la recette des deniers provenans des Maîtrises de tous arts & métiers qui s'exercent à présent en ce Royaume; ledit Edit publié en la Cour de Parlement le 7 Mars audit an, Signé du Tillet, & suivant l'exprès Commandement du Roi: J'ai, André Sallé, Sergent Royal sous signé, me suis transporté exprès à la Ville de Paris, en l'hôtel & domicile de Noël Thiverny Doreur sur Fer, auquel lieu parlant à sa personne, je lui ai fait exprès commandement de par le Roi, de porter ou envoyer au logis dudit sieur le Gendre, sis au Fauxbourg Saint Germain de Prés, rue de Seine à l'enseigne du Bateau du Roi, dans Sainte Anne, pour toutes préfixions & délais, la somme de douze écus d'or sol, à quoi il a été taxé par Monsieur le Lieutenant Civil, Commissaire député par Sa Majesté, pour l'éxécution & établissement dudit Edit, pour prendre le droit de Maîtrise dont il use à présent en la Ville & Fauxbourgs de Paris, & venir prêter le serment, pardevant Monsieur le Procureur du Roi, pour y être reçu Maître. Et a faute de ce faire ledit temps passé, sera contraint comme pour les propres deniers & affaires du Roi; Fait l'an & jour dessus-dit. Signé ANDRE' SALLE'.

Extrait des Regiſtres du Conſeil Privé du Roi.

ENtre les Maîtres Fondeurs en Terre, Pierre & Sable, Graveurs, Mouleurs, Boſſetiers, Sonnetiers de la Ville & Faubours de Paris, demandeurs en Requête ſuivant l'Arrêt du Conſeil intervenu ſur icelle le 27 Juin 1665, d'une part; & les Jurez & Communauté des Maîtres Doreurs, Ciſeleurs, Damaſquineurs & Enjoliveurs ſur Fer, Fonte, Cuivre & Laiton de ladite Ville & Faubourgs, Defendeurs, d'autre part: Et entre leſdits Jurez & Communauté des Maîtres Doreurs, Ciſeleurs, Damaſquineurs & Enjoliveurs, Demandeurs en Requête verbale, par l'appointement par eux offert le 3 Juillet audit an 1665, & Defendeurs, d'une part, & leſdits Maîtres Fondeurs, Defendeurs & Demandeurs en Requête verbale par le Procès-verbal du Sieur Commiſſaire à ce député du 2 Septembre audit an d'autre. VU AU CONSEIL DU ROI, l'Arrêt rendu en icelui ledit jour 27 Juin 1665, ſur la Requête deſdits Fondeurs, tendante à ce qu'il plût à Sa Majeſté ordonner que toutes Lettres Patentes de confirmation de leurs nouveaux Statuts leurs ſeroient expediées pour être enregiſtrées au Châtelet de Paris, & homologuées au Parlement, ſi beſoin eſt, nonobſtant oppoſitions; & cependant que leſdites Lettres ſortiroient leur plein & entier effet. Par lequel Arrêt auroit été ordonné, que ſur les fins de ladite Requête les Parties ſeroient ſommairement ouyes, pour leur être fait droit, toutes choſes demeurant en état; ſignification dudit Arrêt à l'Avocat desdits Doreurs, du 9 Juillet audit an, appointement offert par lesdits Doreurs le 3 Juillet audit an, contenant leur Requête verbale, à ce que défenses soient faites ausdits Fondeurs de poursuivre l'expédition & ceau des Lettres Patentes que lesdits Doreurs ont eu avis avoir été presentée par eux au Sceau pour l'homologation & confirmation de certains nouveaux Statuts par eux fabriquez, contraires aux anciens, & aux Sentences & Arrêts de la Cour, portant Reglement entre lesdits Arts & Métiers, nonobstant & sans avoir égard à l'Avis des sieurs Lieutenant Civil & Procureur de Sa Majesté audit Châtelet, du 24 Avril audit an, auquel lesdits Doreurs se rendent opposans, & dit que même en tant que de besoin, ils se portoient pour Appellans, & en cas de contestation, que les Parties seront renvoyées au Parlement de Paris, pour y proceder suivant & en exécution des Arrêts rendus en icelui, & lesdits Fondeurs condamnez aux dépens de l'instance, & aux dommages & interêts desdits Doreurs. Appointement de reglement du 4 Août audit an, à l'ordinaire, presents lesdites Parties. Procès verbal du sieur Commissaire à ce député, du 2 Septembre audit an, contenant les contestations des Parties sur le rapport requis par lesdit Doreurs, du susdit appointement du 4 Août précédant, ensemble la requête verbale desdits Fondeurs, à ce que tout ce qui a été fait au Parlement de Paris, depuis les Arrests du Conseil qui ont ordonné que toutes choses demeureroient en état, soit cassé & annulé comme fait par attentat. L'Ordonnance dudit sieur Commissaire étant au bas dudit procès verbal, portant que icelui & tout ce que bon sembleroit aux parties feroit mis pardevers lui dans trois jours, pour en être referé au Confeil & fait droit aufdites Parties ainfi que de raifon. Signification d'icelui, du 19 dudit mois, Arrêt dudit Confeil du 25 dudit mois, intervenu fur le rapport dudit procès verbal, portant que ledit appointement de Reglement du 4 Août 1665, feroit executé, & que fur les fufdites Requêtes verbales portées par ledit appointement offert par lefdits Doreurs, le 3 Juillet audit an, & par ledit procès verbal, les parties écriroient & produiroient tout ce que bon leur fembleroit dans trois jours pour tout délai, & joint audit appointement du 4 Août, fauf à disjoindre. Signification dudit Arrêt, copie collationnée d'une Requête préfentée au Confeil par lefdits Fondeurs, aux fins de leur octroyer lettres de confirmation, ampliation & augmentation de leur état & métier, & icelles homologuer & autorifer felon les articles y attachés, du 24 Août 1581. au bas eft l'Ordonnance de renvoi au Prevôt de Paris, ou fon Lieutenant, pour avec le Procureur du Roi donner fon avis fur le contenu en icelle. L'avis du Lieutenant Civil, Avocat & Procureur du Roi, en conféquence, du 30 Août audit an 1581, portant que lefdits articles en forme d'Ordonnance, pouvoient être accordés aufdits Fondeurs, fans que le Public en pût avoir aucun dommage, ni intérêt. Lettres Patentes du mois de Septembre audit an, portant approbation & homologation defdits Statuts & articles y attachés Autres Lettres Patentes de confirmation defdits articles, Statuts & Ordonnances, du mois de Janvier mil fix cens foixante & quatre, enregiftrées au Parlement de Paris le 26 Mars audit an. Arrêt contraditoire dudit Parlement entre les Fourbifſeurs & les Doreurs de ladite Ville, du 25 Mars 1599. Arrêt dudit Conſeil, ſur la Requête deſdits Fondeurs, du 29 Juillet 1664 portant renvoi au Lieutenant Civil & Procureur du Roi du Châtelet pour donner avis ſur les Statuts & Ordonnances y mentionnés, & en dreſſer Procès verbal. Signification d'icelui au Procureur deſdits Doreurs audit Parlement, du 26 dudit mois; nouveaux Statuts deſdits Fondeurs, enſuite deſquels eſt l'avis des ſieurs Lieutenant Civil & Procureur du Roi ſur iceux, les Doreurs ouis, portant que Sa Majeſté peut accorder auſdits Fondeurs leſdits Statuts du 3 Octobre audit an. Autre Arrêt dudit Conſeil, du 21 Novembre audit an, ſur la Requête deſdits Fondeurs, par lequel, conformement audit avis, auroit été ordonné que toutes Lettres de confirmation deſdits Statuts ſeroient expédiées; Signification d'icelui du premier Decembre audit an; acte d'oppoſition deſdits Doreurs, à ce qu'aucunes Lettres obtenues par leſdits Fondeurs enregiſtrées audit Parlement, du 25 Novembre audit an; Autre Arrêt dudit Conſeil, du 31 Janvier 1665, ſur les requêtes reſpectives deſdits Doreurs & Fondeurs, portant renvoi pardevant ledit Lieutenant Civil & Procureur du Roi audit Châtelet, pour conteſter ſur l'oppoſition auſdits Statuts, leſquels à cette fin ſeroient communiqués auſdits Doreurs, & être ſur le tout donné avis à Sa Majeſté, pour icelui vû & rapporté être ordonné ce que de raiſon, toutes choſes cependant demeurant en état. Significations dudit Arrêt auſdits Doreurs & au ſieur Procureur General dudit Parlement, des 7 Février & 17 Mars audit an. Requête deſdits Fondeurs audit ſieur Lieutenant Civil, pour faire appeller pardevant lui leſdits Doreurs, pour les faire débouter de leur oppositi n, l'Ordonnance étant au bas,&assignation donnée en conséquence des vingt-quatre & vingt-cinq Février audit an; Procès verbal dudit sieur Lieutenant Civil, des contestations, des Parties, en présence du Procureur du Roi, avec l'Ordonnance portant acte desdites contestations, & que leur avis sera donné séparement dudit Procès verbal du 26 dudit moi de Février; l'avis desdits sieurs Lieutenant Civil & Procureur, du 24 Avril audit an, par lequel ils auroient persisté à celui par eux donné le Octobre 1664. Arrêt dudit Conseil sur la Requ te desdits Doreurs du 24 Mars audit an 1 65, par lequel sans préjudice du droit des parties, ni de l instance pendante entr'elles audit Conseil, a roit été permis ausdits Doreurs de faire juger l'instance d'appel pendante audit Parlement entr'eux & lesdit Fondeurs nonobstant la surséance portée par l'Arrêt du 31 Janvier audit an. Signification dudit Arrêt à l'Avocat desdits Fondeurs du 15 Mai audit an Acte signifié ledit jour ausdits Doreurs à la requête desdits Fondeurs, de protestation de nullité de tout ce qui seroit fait en conséquence dudit Arrêt. Arrêt dudit Parlement obtenu par forclusion par lesdits Doreurs contre lesdits Fondeurs, du 22 Mai audit an; plusieurs sommations faites ausdits Fondeurs à la requête desdits Doreurs, de leur communiquer les nouveaux Statuts dont ils demandoient la confirmation, des 10, 14 & 22 Octo re 1664. Lettres Patentes de Charles IX. du mois d'Août 1573 portant établissement du métier de Doreur en métier Juré en la Ville de Paris, enregistrées au Parlement le 9 Juillet 1586. Ensuite sont les Articles, Statuts & Ordonnances dudit métier, aussi enregistrées audit Parlement ledit jour: Ensemble autres Lettres Patentes d'Henri III. de confirmation desdits Statuts, du moi de Mai 1586 enregistrées audit Parlement le 9 Juillet audit an; copies Collationnées des Lettres Patentes de Charles IX. du mois d'Août 1572 portant confirmation & homologation des Statuts Priviléges & Articles des Fondeurs, enregistrées audit Parlement le 2 Janvier 1573. Sentence contradictoire du Châtelet donnée entre lesdits Fondeurs & Doreurs, le 10 Novembre 1607, par laquelle il auroit été enjoint ausdits Fondeurs de fournir aux Doreurs toute sorte de Marchandise de Fonte de leur métier faite & parfaite de leur art, fors de la limure & polissure toutes fo s & quantes ils en seroient requis par lesdits Doreurs, pour icelle Dorer, Damasquiner & Enjoliver de leur art & métier, sans que lesdits Doreurs puissent vendre la Marchandise de Fonte, ni icelle polir; Deffenses d'aller en visite le uns sur les autres. Transaction passée entre lesdits Fondeurs & Doreurs le 22 Janvier 1608, sur l'appel de la Sentence interjettée par lesdits Fondeurs, par laquelle lesdits Fondeurs se seroient desistés de leur appel & acquiescé à ladite Sentence. Copie d'Arrêt du Parlement du 14 Juin audit an, confirmatif de ladite Sentence, en conséquence de ladite transaction; Actes d'oppositions formées par lesdits Doreurs au Sceau des Lettres de confirmation des Statuts desdits Fondeurs des 16 Janvier & 23 Février 1665. Sentence du Châtelet du 11 Avril 1607 donnée au profit des Jurés Damasquineurs, contre Jean Mouchin, Fondeur; autre Sentence dudit Châtelet du 2 Août 1629. confirmative de l'avis du Procureur du Roi audit Châtelet y mentionné. Autre avis du Procureur du Roi du 14 Novembre 1653. Sentence dudit Châtelet, confirmative dudit avis du 28 Février 1604. Arrêt du Parlement du 7 Septembre 1655. confirmatif de ladite Sentence. Autre Sentence dudit Châtelet dês 8 Octobre 1594, 23 Août 1644 & 23 Octobre 1658, données au profit desdits Doreurs, contre les Fourbisseurs de ladite Ville de Paris. Autre Sentence rendue en la Prevôté de l'Hôtel, entre lesdits Doreurs & à leur profit, & au nommé Duchesne, Ceinturier suivant la Cour, portant confirmation des choses sur lui saisies, & défense d'entreprendre sur le métier de Doreur, du 4 Janvier 1619. Arrêt du Grand Conseil du 28 Juin audit an, sur l'appel de ladite Sentence confirmatif d'icelle; autre Sentence dudit Châtelet contradictoire entre les Parties, le 28 Novembre 1663, portant entr'autre chose, défense aux Fondeurs de dorer ou argenter aucuns ouvrages de leur métier. Exécutoire de dépens obtenu par lesdits Doreurs contre lesdits Fondeurs, montans à 843 liv. 11 sols, du 27 Février 1666. Exploit de Commandement fait en vertu dudit éxécutoire, le 9 Mars audit an. Avis du Procureur du Roi dudit Châtelet, contre un nommé Dassier, Fondeur, avec la Sentence confirmative dudit avis, des 26 Janvier & 15 Mars dernier. Requête desdits Doreurs du 12 Avril aussi dernier, à ce qu'il plût à Sa Majesté, en prononçant sur ladite instance d'opposition formée par lesdits Doreurs au sceau & expédition des Lettres Patentes poursuivies par lesdits Fondeurs, les recevoir opposans, & en tant que besoin seroit appellans dudit avis desdits sieurs Lieutenant Civil & Procureur de Sa Majesté audit Châtelet, & faisant droit sur ladite opposition & appel, leur adjuger les fins & conclusions par eux prises en l'instance, & par leurs divertissemens & production, & au surplus leur donner acte de ce

que

que pour moyens de ladite oppofition & appel, & production fur icelui, ils employent ladite Requête & ce qu'ils ont écrit & produit, l'Ordonnance du Confeil étant au bas de ladite Requête, portant jonction d'icelle à l'inftance, pour en jugeant y être fait droit, & acte de l'emploi fignifié le 14 dudit mois d'Avril, écritures & productions des Parties; Requête defdits Doreurs du 6 Mai dernier, de réception des piéces y mentionnées ci-devant énoncées, fignifiées le 7 dudit mois; addition de productions defdits Doreurs, faite fur lefdites nouvelles piéces: Requête defdits Fondeurs du 12 dudit mois de Mai, employée pour contredits, & qu'acte leur fût donné des proteftations y contenues, fignifiée le 14 dudit mois, & tout ce que par lefdites Parties a été mis, écrit & produit pardevers les fieurs Dormeffon & Boulanger, Commiffaires à ce député, qui en ont communiqué aux fieurs de Machault, de Lezeau, Deftempes, Poncet & Boucherat, Confeillers d'Etat ordinaire, fuivant l'Ordonnance dudit Confeil du 3 dudit mois de Mai; Oui leur Rapport, & tout confidéré. LE ROI EN SON CONSEIL, faifant droit fur ladite inftance, ayant égard à l'oppofition defdits Doreurs, & fans s'arrêter aux avis dudit Lieutenant Civil & Procureur du Roi, intervenus fur la réception des Statuts préfentés par lefdits Fondeurs, des 3 Octobre 1664, & 24 Avril 1665. A ORDONNÉ & ORDONNE, que l'article XXIII defdits Statuts concernant lefdits Doreurs en fera tiré, & qu'il fera ajouté à l'article XXV, ces mots: *Sans que lefdits Fondeurs puiffent fe fervir de l'or ou argent haché, moulu ou en feuille, pour réparer, polir & mettre en couleur leurs ouvrages*; Comme auffi à l'article XL. feront ajoutés ces mots, & clouds, boucles, & autres Ouvrages aux Doreurs en la maniere accoutumée, & que copie desdits Statuts ainsi réformés & arrêtés par les Rapporteurs de l'instance, sera mise au Greffe du Conseil & jointe à la minute du présent Arrêt, pour sur lesdits Statuts être expedié ausdits Fondeurs toutes Lettres Patentes de confirmation d'iceux, adressantes au Parlement de Paris, pour y être enregistrées ainsi qu'il appartiendra; Et faisant droit sur la Requête desdits Fondeurs en cassation de l'Arrêt du Parlement de Paris, du 22 Mai 1665. Sa Majesté a remis & remet les Parties en l'état qu'elles étoient avant ledit Arrêt, sauf ausdites Parties de poursuivre audit Parlement les appellations de la Sentence du Châtelet du 28 Novembre 1663, ainsi qu'elles aviseront bon être, dépens faits au Parlemens réservés pour ce regard, & sans dépens de la présente instance entre lesdites Parties. FAIT AU CONSEIL PRIVE' DU ROI, tenu à Paris le quinziéme jour d'Octobre 1666 *Collationné* avec paraphe.

Signé, LAGUILLAUMIE

Le vingt-neuviéme jour d'Octobre mil six cent soixante-six; à la requête des Jurés & Communauté des Maîtres Ciseleurs, Doreurs, Damasquineurs & Enjoliveurs sur le Fer, Fonte & Cuivre de cette Ville & Faubourgs de Paris; le présent Arrêt a été par moi, Huissier ordinaire du Conseil du Roi soussigné, montré, signifié à domicile, & baillé copie aux Jurés & Communauté des Maîtres Fondeurs de cettedite Ville & Faubourgs de Paris, en parlant pour toute leur Communauté, au domicile de Nicolas Sauteret, l'un d'iceux, & Juré en Charge, en cette Ville rue des Arcis, à son fils, à ce que du contenu audit Arrêt ladite Commu-

nauté des Fondeurs n'en ignore, & aye à y satisfaire. Signé DESCBARES.

L'an mil six cens soixante-six, le quatriéme Novembre, à la requête des Jurés & Communauté des Maîtres Ciseleurs, Doreurs, Damasquineurs & Enjoliveurs sur le Fer, Fonte, Cuivre & Laiton de la Ville & Fauxbourgs de Paris, le présent Arrêt a été d'abondant signifié; baillé copie aux fins y contenues, aux Jurés & Communauté des Maîtres Fondeurs de cette Ville & Faubourgs de Paris, en parlant pour toute leur Communauté, au domicile de Nicolas Sauteret, Fondeur & Juré en Charge, à sa femme, en son domicile à Paris, ausquels parlant que dessus, Assignation a été donnée à comparoir au premier jour audit Parlement de Paris, pour y procéder sur ledit Arrêt, & en outre comme de raison, par nous Huissier ordinaire du Roi en ses Conseils.

Signé, LEGAY.

ARREST DE LA COUR DE PARLEMENT.

Portant défenses aux Maîtres Fondeurs, Bossetiers, Graveurs Moulleurs en Terre, Sable & Pierre, de la Ville de Paris, de vendre ni débiter aucuns de leurs Ouvrages, dorés & argentés.

Du 28 Février 1668.

LOUIS par la grace de Dieu, Roi de France & de Navarre : A tous ceux qui ces présentes Lettres verront. SALUT, sçavoir faisons, que comme de la Sentence donnée par notre Prévôt de Paris ou son Lieutenant Civil, le 28 Novembre 1663, entre les Jurés Doreurs sur fer, fonte, cuivre, & laiton, & la Communauté desdits Doreurs intervenante, Demandeurs en renvoi des avis rendus par le Substitut de notre Procureur Général au Châtelet de Paris, les 8 Novembre 1662 & 17 Mars 1663. Et prenant le fait & cause pour Pierre Bouchon, & Louis Lescoufflet, Maître dudit métier, défendeurs d'une part : Et Michel le Chien, Maître Fondeur en Terre, Sable & Pierre, Bossetiers, Moulleurs & Graveurs, en notre Ville de Paris Défendeurs ; & les Jurés Fondeurs en Terre, Sable, Pierre, Bossetiers, Moulleurs, Graveurs & Fabricateur d'Instrumens de Géometrie & Mathématique, aussi en notredite Ville de Paris, intervenans avec ledit le Chien, d'autre part. Par laquelle, défenses auroient été faites ausdits Fondeurs, de dorer ou argenter aucuns Ouvrages de leur métier, & de se servir d'or Haché, Moullu ou en Feuille, en quelque façon que ce soit, sur leurs ouvrages : Et pour avoir par ledit le Chien contrevenu, & avoir doré des Cadres de Carosses, les Ouvrages sur lui saisis auroient été confisqués, défenses à lui & à tous autres Maîtres Fondeurs de faire pareilles entreprises, à peine de confiscation & de deux cens livres d'amende, & la saisie faite sur ledit Bouchon déclarée injurieuse, main-levée à lui faite d'icelle. Pourront lesdits Doreurs acheter toutes sortes d'Ouvrages de vieilles Fontes dorées, les changer & prendre en payement; Seront lesdits Doreurs tenus de dorer ou argenter les ouvrages qui leurs seront portés par lesdits Fondeurs, & qu'ils auront fabriqués, en leur payant ce qu'il conviendroit pour dorer ou argenter iceux; Et lesdits le Chien, Jurés & Communauté des Fondeurs condamnés aux dépens. Eût été appellé à notre Cour de Parlement, en laquelle le procès par écrit, conclud & reçu pour juger entre lesdits le Chien & Jurés Fondeurs, appellans de ladite Sentence d'une part; & les Jurés & Communauté des Doreurs, ayans pris le fait & cause pour Pierre Bouchon & Louis Lescoufflet, Maîtres dudit métier, intimés d'autre : Et entre la Communauté des Maîtres Doreurs aussi appellans de la susdite Sentence, en ce que par icelle il étoit dit qu'ils seroient tenus de dorer & argenter les Ouvrages qui leur seroient portés de la part des Fondenrs, venant de leurs Fontes d'une part : Et lesdits Jurés & Communauté des Fondeurs, intimés d'autre, joint les griefs hors le procès, prétendus moyens de nullité & productions nouvelles desdits Appellans, qu'ils pourroient bailler dans le tems de l'Ordonnance; ausquels les Intimés pourroient répondre, & contre lesdites productions nouvelles bailler contredits, joint aussi les fins de non-recevoir desdits Jurés & Communauté des Fondeurs; défenses au contraire desdits Doreurs, sur lesquelles seroit préalablement, ou autrement fait droit; icelui procès vû, Arrêt rendu en notre Conseil le 15 Octobre 1666. entre lesdites Parties. Par lequel ayant égard à l'opposition desdits Doreurs, sans s'arrêter aux avis du Lieutenant Civil, & du Substitut de notre Procureur Général au Châtelet de Paris, intervenus sur la reception des Statuts présentés par lesdits Fondeurs, des 3 Octobre 1664. & 24 Avril 1665. auroit été ordonné que l'article XXIII. desdits Statuts concernant lesdits Doreurs en sera tiré, & qu'il sera ajouté à l'article XXV. ces mots, sans que lesdits Fondeurs puissent se servir de l'or ou argent, haché, moulu ou en feuille, pour reparer polir & mettre en couleur leurs Ouvrages, comme aussi à l'article XL. seront ajoutés ces mots, & Clous, Boucles & autres Ouvrages aux Doreurs en la maniere accoutumée; & que copie desdits Statuts ainsi reformés & arrêtés par les Rapporteurs de l'instance, sera mise au Greffe du Conseil, & jointe à la minute du présent Arrêt, pour sur lesdits Statuts être expedié ausdits Fondeurs, toutes lettres de confirmation d'iceux, adressantes à notredite Cour de Parlement, pour y être registrés ainsi qu'il appartiendra; & faisant droit sur la Requête desdits Fondeurs en caſſation de l'arrêt de notredite Cour, du 22 May 1665. Ledit Conſeil a remis les Parties en l'état qu'elles étoient avant ledit Arrêt, ſauf auſdites Parties de pourſuivre en notredite Cour, les appellations de la Sentence du Châtelet du 28 Novembre 1663. ainſi qu'elles aviſeront bon être, dépens faits en notredite Cour réſervés pour ce regard, & ſans dépens de l'inſtance pendante en notredit Conſeil entre leſdites Parties; Griefs deſdits le Chien & Jurés Fondeurs; Réponſes deſdits Jurés & Communauté des Doreurs, ayant pris le fait & cauſe deſdits Bouchon & Leſcoufflet; Griefs deſdits Jurés & Communauté deſdits Doreurs; Requête deſdits Jurés Fondeurs du premier Décembre 1667. employées pour réponſes, moyens de nullités & fins de non-recevoir, Requete deſdits Jurés & Communauté des Doreurs, employées pour production nouvelles, forcluſion de produire de nouvelle par ledit le Chien. Autre Griefs fournis par leſdits Jurés Fondeurs, le 30 Juillet 1667. contenant la reſtriction de leurs concluſions, à ce qu'attendu ce qui a été jugé depuis ledit Arrêt de notredite Cour, du 22 Mai 1665. ils fuſſent maintenus & gardés au droit & poſſeſſion en laquelle ils ſont ſuivant leurs Statuts, de dorer en Or ou Argent moulu ſeulement, les figures Statuts, Inſtrumens de Mathématiques, & Vaiſſelles Argentées qui ſont de leur Manufacture, & dont leſdits Doreurs ſont incapables, & n'ont pas l'expérience, ainſi que les Appellans & leſdits Intimés condamnés aux dépens tant des cauſes principales que d'appel, même en ceux réſervés par l'Arrêt de notre Conſeil, du 15 Octobre 1666. Réponſes deſdits Jurés & Communauté deſdits Doreurs, production nouvelle desdits Jurés Fondeurs, contredits desdits Jurés & Communauté desdits Doreurs; conclusions de notre Procureur Général; tout joint & diligemment examiné. NOTREDITE COUR par son Jugement & Arrêt, en tant que touche l'appel desdits Jurés & Communauté desdits Doreurs, a mis & met l'appellation & Sentence de laquelle a été appellé à néant, en ce que par icelle il a été ordonné que lesdits Doreurs seroient tenus de dorer & argenter les ouvrages qui leur seront portés par lesdits Fondeurs & qu'ils auroient fabriqué; Emandant quant à ce, Ordonne qu'iceux Doreurs ne seront tenus de dorer ni argenter aucuns Ouvrages qui leurs seront portés par lesdits Fondeurs. Fait défenses ausdits Fondeurs de vendre ni débiter aucuns Ouvrages dorés ni argentés: Et sur l'appel desdits le Chien & Jurés Fondeurs l'appellation à néant. Ordonne que la Sentence de laquelle a été appellé sortira effet. Condamné les Appellans en une amende de douze livres seulement, & en tous les dépens, même en ceux réservés par l'Arrêt du Conseil, du 15 Octobre 1666. la taxe des adjugés pardevers notredite Cour reservés. SI MANDONS au premier des Huissiers de notredite Cour, ou autre notre Huissier ou Sergent sur ce requis, à la Requête desdits Doreurs, mettre le présent Arrêt à exécution selon sa forme & teneur: De ce faire donnons pouvoir. DONNÉ à Paris en notre Parlement, le vingt-huitiéme Février 1668. & de notre Regne le vingt-cinquiéme, *Signé*, Par la Chambre DU TILLET, avec paraphe.

Collationné à l'Original, ce fait rendu par les Notaires, Gardenotes du Roi au Châtelet de Paris, soussignés.

Le neuviéme Mars mil six cens soixante-huit, fut le présent signifié & baillé copie à Me de Vaulx, Procureur de Partie adverse. Signé Huby, *Huissier.*

Le présent Arrêt a été obtenu à la poursuite & diligence de Guillaume Marianvalle, Pierre de la Mare, Vincent Compoin et Jacques Dubois, tous Jurés en Charge de la Communauté des Maîtres Doreurs & Argenteurs de la Ville de Paris : & par les soins & sollicitations des anciens de ladite Communauté

Monsieur DE BULLION, *Rapporteur.*

MAUPARTY.

A Tous ceux qui ces Présentes Lettres verront, Pierre Seguier, Chevalier Marquis de S. Brisson, Seigneur des Ruaux & de S. Firmin, Conseiller du Roi en ses Conseils, & Gentilhomme ordinaire de sa Chambre, & Garde de la Prévôté & Vicomté de Paris : Salut, Sçavoir faisons, que sur la Requête faite en Jugement devant Nous en la Chambre de Police, par Me. Pierre Ameline Procureur des Jurés Doreurs sur Fer, Fonte, Cuivre & Laiton, Enjoliveurs, Argenteurs & Damasquineurs à Paris, Défendeurs en renvoi de l'avis rendu à leur profit par le Procureur du Roi en cette Cour le 28 Août dernier, assisté de Me. de Beaulieu son Avocat, contre Me. Nicolas de Longueil Procureur d'Anne Triboust, veuve; & encore Procureur d'Adrien

Cocquereau & de Paul Esgrecé ; & encore ledit de Longueil Procureur de Nicolas Bequet, Nicolas Buquet, Vincent Marescal, Louis le Tellier, Valentin Dersigny & Nicolas de Versoigne, Marchands Merciers à Paris, Demandeurs audit renvoi suivant leur Requête verbale signifiée le 3 du present mois, assistés de Me. Michel Arme, leur Avocat Parties ouies, lecture faite dudit avis du Procureur du Roi susdaté, & autres piéces des Parties. NOUS, sans avoir égard au renvoi requis par les Parties, de Longueil, AVONS ledit avis du Procureur du Roi confirmé & icelui confirmons de point en point, selon sa forme & teneur, ce faisant, AVONS les saisies faites à la Requête desdits Jurés Doreurs, le vingt Octobre dernier, tant sur ladite veuve Triboust, par le Commissaire le Guay de la quantité de quarante huit morceaux de cuivre tant grands que petits, servans à garnir des Miroirs, quarante cinq morceaux de garniture de cuivre, huit thuyaux, sept garnitures d'Agendas, sept Gardes d'épées moins une plaque y compris les Pommeaux, & quelques crochets & boucles ; que sur ledit Escrecé, de la quantité de quatre-vingt-neuf piéces & morceaux de cuivre & laiton relevés & gravés tant grands que petits, servans à garnir des Miroirs, par le Commissaire du Tilloys, le vingt-un dudit mois d'Août aussi dernier, que celles faites par le Commissaire Socquard, le même jour, de vingt trois bandes de laiton doré, relevé, quatre mitans & quatre coings aussi dorés & relevés, ensemble deux cens bandes de laiton relevé, doré, sept douzaines de petites bandes le tout aussi de laiton doré & relevé. Plus, trois cens piéces tant boucles, bandes, rozettes aussi de cuivre, de laiton doré ; Néanmoins pour cette fois, ſans tirer à conſéquence; ayant égard à la revendication des Marchands Merciers, leur faiſons main-levée, à la reſtitution, les Gardiens contrains, & partant déchargés, icelles préalablement vûes & viſitées par deux Maître & Gardes de l'Orfévrerie & deux Anciens dudit métier de Doreur, en la préſence dudit Procureur du Roi, Faiſons défenſe auſdits Cocquereau, Eſgrecé & Tribouſt de plus entreprendre ſur le Métier de Doreur, à peine de confiſcation de ce qui ſera ſaiſi & d'amende : Et pour la faute par eux commiſe, les condamnons en cinquante livres d'amende applicable aux réparations de la Chambre du Procureur du Roi en cette Cour, & en douze livres envers le Roi, & en pareille envers les Jurés, aux frais. Faiſons pareillement défenſes auſdits Marchands Merciers de donner aucuns Ouvrages dépendans du Métier deſdits Doreurs, à faire auſdits Eſgrecé, Cocquereau & veuve Tribouſt, ni à autres Bruniſſeurs, qu'auſdits Maître Doreurs, à peine de confiſcation & d'amende. Ce qui ſera éxécuté nonobſtant oppoſitions ou appellations quelconques, pour leſquelles & ſans préjudicier ne ſera différé. En témoins de ce nous avons fait ſceller ces préſentes, qui furent faites & données par Meſſire Gabriel de la Renye, Conſeiller du Roi en ſes Conſeils, & Lieutenant de Police de la Prevôté & Vicomée de Paris, tenant le Siége, le Mardi vingt-ſept Novembre mil ſix cens ſoixante-huit. Collationné, *Signé* SAGOT.

AMELINE.

A Tous ceux qui ces présentes Lettres verront, Pierre Seguier Chevalier Marquis de Saint Brisson, Seigneur des Ruaux & de Saint Firmin, des grand & petit Rancy, Lestang-la-Ville, & autres lieux, Conseiller du Roi, Gentilhomme ordinaire de sa Chambre, & Garde de la Prevôté & Vicomté de Paris; Salut, Sçavoir faisons, Que sur la Requête faite en Jugement devant Nous en la Chambre Civile de Police du Châtelet de Paris par Me. Edme Michel Rigault, Procureur Substitut de Me. Pierre Ameline Procureurs des Jurés Doreurs sur Fer, Fonte, Cuivre & Laiton, Enjoliveurs, Argenteurs & Damasquineurs à Paris, d'une part, aux fins de la Requête verbale signifiée à leurs requête le jour dudit mois, à l'encontre de Maître Nicolas de Longueil Procureur d'Adrien Coquereau, Paul Esgrecé, Anne Triboust, veuve Brunisseuse, & Nicolas Bequet, Vincent Marescal; Louis le Tellier, Valentin Dersigny & Nicolas de Versoingne, Marchands Merciers à Paris, Défendeurs. Parties ouies, lecture faite des rapport & visitation faites par les Maîtres & Gardes de l'Orphevrerie, le 18 dudit mois, de celui aussi fait par deux Anciens dudit Métier de Doreurs le même jour des choses saisies sur ledit Cocquereau appartenans ausdits Marchands Merciers de ladite Requête verbale suf-datée & sur-datée, & autres piéces des Parties. Nous Ordonnons que les dix-huit piéces qui se sont trouvées défectueuses & de nulle valeur, contenues au Rapport fait par lesdits anciens Doreurs, dont lecture Nous a été faite, seront rompues & brisées, & le surplus baillé ausdits Marchands Merciers; & Condamnons aux dépens ledit Cocquereau. Ce qui sera exécuté nonobstant oppositions ou appellations quelconques, & sans préjudice d'icelles, pour lesquelles faites ou à faire, ne sera différé; En témoin de ce, Nous avons fait sceller ces présentes du scel ordinaire du Châtelet de Paris, lesquelles furent faites & ordonnées par Messire Gabriel Nicolas de la Renye Conseiller du Roi en ses Conseils d'Etat & Privé, Maître des Requêtes ordinaire de son Hôtel, Lieutenant de Police de la Ville, Prevôté & Vicomté de Paris, tenant le Siége le Mardi 29 jour de Janvier 1669. Collationné. *Signé* COUDRAY

A TOUS Ceux qui ces présentes Lettres verront, Pierre Seguier Chevalier Marquis de Saint Brisson, Seigneur des Ruaux & de Saint Firmin, du grand & petit Rancy, Lestang-la-Ville & autres lieux, Conseiller du Roi en tous ses Conseils d'Etat & Privé, Gentilhomme ordinaire de sa Chambre, & Garde de la Ville, Prevôté & Vicomté de Paris. SALUT, Sçavoir faisons; Que sur la Requête faite en Jugement devant Nous en la Chambre Civile du Châtelet de Paris, par Maître Pierre Ameline Procureur des Jurés Doreurs sur Fer, Fonte, Cuivre & Laiton, Enjoliveurs, Argenteurs & Damasquineurs à Paris, Demandeurs aux fins de la Requête verbale signifiée à leur Requête, le 8 jour de ce mois, contre Me. Nicolas de Longueil, Procureur de Paul Esgrecé & Anne Triboust, veuve

Brunisseuse, & encore Procureur de Nicolas Becquet, Vincent Marescal, Louis le Tellier, Valentin Dersigny & Nicolas de Versoigne, Marchands Merciers à Paris, Défendeurs. Parties ouies en leurs Plaidoyers & remontrances, lecture faite des rapports de Visitations des 4 & 11 jour de Février présent mois & an, faite par deux anciens dudit métier de Doreur & deux Maître & Gardes de l'Orfévrerie, Expers nommés d'Office par notre Sentence du 9 Janvier dernier & autres piéces des Parties. NOUS Ordonnons que les Ouvrages saisis sur ledit Esgrecé & veuve Tribouſt, appartenans ausdits Marchands Merciers seront dorez par un Maître dudit Métier de Doreurs, tel que voudra choisir lesdits Marchands Merciers, en convenant de prix avec lui : Et en conséquence faisons défenses ausdits Esgrecé & veuve Tribouſt, Brunisseuse, & à tous autres, de plus à l'avenir entreprendre sur ledit métier desdits Doreurs; Et les condamnons aux dépens, sans autre amende que celle-ci devant adjugée. Ce qui sera exécuté nonobstant oppositions ou appellations quelconques, faites ou à faire, & sans préjudice d'icelles, pour lesquelles ne sera differé; En témoin de ce, Nous avons fait mettre à ces présentes le scel de ladite Ville, Prevôté & Vicomté de Paris : Ce fut fait & donné par Messire Gabriel Nicolas de la Reynie, Conseiller du Roi en tous ses Conseils d'Etat & Privé, Maître des Requéte ordinaire de son Hôtel, & Lieutenant de Police de ladite Ville, Prevôté & Vicomté de Paris, tenant le Siége, le Mardi douziéme jour de Février mil six cens soixante neuf. Collationné.

Signé BERTHELOT.

Les trois présentes Sentences ci-dessus ont été obtenues à la poursuite & ès dépens des Jurés de la Communauté des Maîtres Ciseleurs, Doreurs, Argenteurs, Damasquineurs & Enjoliveurs sur Fer, Fonte, Cuivre & Laiton ; Sçavoir, Guillaume Marianvalle, Pierre de la Mare, Vincent Compoint & Jacques Dubois, tous Jurés en Charge en l'année mil six cens soixante-neuf.

Les trois présentes Sentences ont été réimprimées 1754. sous la Jurande des Sieurs JACQUES-FIACRE CHRETIEN, SEBASTIEN PERARD, FRANÇOIS PERICHON, CLAUDE-JEAN DE VILLEFRANCHE.

SENTENCE DE POLICE, RENDUE PAR M. D'ARGENSON.

Du 14 Décembre 1700.

A TOUS ceux qui ces présentes Lettres verront, Charles-Denis de Bullion, Marquis de Gallardon, Conseiller du Roi ; Garde de la Prevôté de Paris ; SALUT. Sçavoir faisons, que sur la Requête faite en Jugement devant Nous à la Chambre de Police du Châtelet de Paris par Me. Nicolas Croisette, Procureur de la Communauté des Maîtres Doreurs sur fer, cuivre & laiton, de cette Ville, Demandeur en confirmation de l'avis du Procureur du Roi, du vingt-six Novembre dernier, suivant la Requête verbale du premier du présent mois, contre Me. Caron, Procureur d'Etienne Girault, Maître Fourbisseur à Paris, & ledit Girault, Demandeur ſuivant l'Exploit fait par Laval, Huiſſier, le deux du préſent mois, controllé à Paris par Dyvry; le lendemain, contre Deniſe Martel, Veuve de Nicolas Danès, Maître Fourbiſſeur, Défendereſſe, Parties ouies entre leſdits Croiſette & Tardy, & par vertu du défaut donné contre ladite Martel, non comparante ni Procureur pour elle; lecture faite deſdits avis rendus entre les Parties, par lequel auroit été ordonné la ſaiſie faite par les Parties de Croiſette ſur celle de Tardy, de pluſieurs boutons dorés, & à dorer; auroit été déclarée valable, que leſdits boutons demeureroient confiſqués au profit des Parties de Croiſette; défenſes à la Partie de Tardy de plus entreprendre ſur ladite Communauté, condamne en quarante livres d'amende & aux dépens, défaut contre icelle veuve Danès, le traité fait entr'elle & la Partie de Tardy, déclaré nul, défenſes de leur en aider; ladite Veuve condamnée aux dépens, le tout à taxer de ladite Requête & autres piéces des Parties. Nous avons l'avis ci-deſſus daté, confimé ſelon ſa forme & teneur, avec dépens; avons donné à la Partie de Tardy défaut contre ladite Veuve Danès, pour le profit, le Jugement auſſi déclaré commun, auſſi avec dépens, ce qui ſera éxécuté ſans préjudice de l'Appel & ſoit ſignifié. En temoins de ce Nous avons fait ſceller ces préſentes, qui furent faites & données par Mre Marc-Rene' de Paulmy d'Argenson, Chevalier-Conſeiller du Roi, Lieutenant Genéral de Police tenant le Siége le Mardi quatorze Décembre mil ſept cens; Collationné par Tauxier j, & ſcellé le 20 Décembre mil ſept cens. *Signé* Tardiveau. reçû 18 ſols.

EXTRAIT.

EXTRAIT des Regiſtres de Parlement du 4 Juin 1701.

ENTRE Etienne Girault, Maître Fourbiſſeur à Paris, Appellant d'une Sentence rendue par le Lieutenant Général de Police du Châtelet de Paris, du quatorze Décembre mil ſept cens, d'une part, & Jean le Brun & Conſorts, Jurés de préſent en Charge de la Communauté des Maîtres Doreurs ſur cuivre, fonte & laiton à Paris, Intimés d'autre. Après que Delabarre, Avocat de Pipault, Perrin, Avocat deſdits Lebrun & Conſorts, ont été ouis, enſemble, Portail, pour le Procureur du Roi. LA COUR ordonne que l'appointement ſera reçû; ce faiſant, a mis & met l'Appellation au néant, ordonne que ce dont eſt Appel ſortira ſon plein & entier effet; condamne l'Appellant en l'amande ordinaire de douze livres & aux dépens. Fait en Parlement le quatre Juin mil ſept cens un. Collationné, *Signé* DU TILLET, & au dos eſt la ſignification, le treize Juin mil ſept cens un, ſignifié & baillé Copie à M. P. Martin, *Signé* SIMON, avec paraphe.

ARREST
DU GRAND CONSEIL,

Rendu en faveur des Maîtres Doreurs à Paris, qui condamne Guillaume Saultray Maître Fondeur & Privilegié Doreur, à faire option dans quinzaine, de laquelle des deux Professions de Fondeur ou de Doreur il veut se servir, & qui le condamne en douze livres d'amende & en tous les dépens.

Du 15 Juillet 1701.

Extrait des Registres du Grand Conseil.

ENTRE les Jurés, Corps & Communauté des Maîtres Ciseleurs, Doreurs, Argenteurs, Damasquineurs & Enjoliveurs sur fer & autres Métaux de cette Ville de Paris, Appellans de Sentence renduë en la Prevôté de l'Hôtel le 20 Décembre 1700, suivant la Requête & Ordonnance du Conseil du dix-sept Janvier 1701. & exploit d'assignation donné en conséquence le vingt dudit mois, contrôlé à Paris le vingt-deux; & requerans que ladite Sentence soit infirmée, & que celle rendue en ladite Prevôté le seize Septembre précédent, soit exécutée selon sa forme & teneur, & l'Intimé condamné en leurs dommages & interêts & aux dépens, sans préjudice de prendre telles autres conclusions qu'il appartiendra d'une part; & Guillaume Saultray Maître Fondeur à Paris, & Marchand Doreur privilegié suivant la Cour Intimé d'autre, & entre ledit Saultray Appellant, suivant sa Requête de griefs par lui présentée au Conseil le premier Juin 1701. d'une Sentence de la Prévôté de l'Hôtel du seize Septembre 1700. au chef par lequel il a été ordonné qu'il sera tenu d'opter à laquelle des deux professions de Maître Fondeur ou Doreur il se veut tenir pour exercer l'une des deux seule, & requerant qu'émandant quant à ce que les Défendeurs ci-après nommez, soient déboutez de leur demande afin d'option, & les condamner aux dépens d'une part; & lesdits Jurés, Corps & Communauté des Maîtres Ciseleurs, Doreurs, Argenteurs, Damasquineurs & Enjoliveurs sur fer; fonte & autres métaux, de cette Ville & Fauxbourgs de Paris, Défendeurs d'autre, & entre ledit Saultray Demandeur en Requête par lui presentée au Conseil le huit Juillet 1701. à ce qu'Acte lui soit donné de la déclaration qu'il réïtere, qu'il restraint l'usage qu'il entend faire de son Privilege à dorer & perfectionner ses propres ouvrages, & en consequence lui adjuger les conclusions qu'il a prises en l'instance avec dépens d'une part, & lesdits Jurés, Corps & Communauté des Maîtres Doreurs Défendeurs d'autre : Veu par le Conseil ladite Sentence de la Prevôté de l'Hôtel dont est appel, rendue entre lesdites parties le vingt Décembre mil sept cens, portant, qu'attendu qu'il s'agit en l'instance du service du Roi, & d'ouvrages pour les Appartemens de Sa Majesté & des Maisons Royales, auparavant de faire droit les Parties se retireront par devers le Sieur Mansart, Sur-Intendant des Bâtimens, Arts & Manufactures de France, pour être informé des volontés de Sa Majesté, ce fait ordonné ce qu'il appartiendra pour raison, & cependant sursis à l'option ordonnée par la Sentence du seize Septembre mil sept cens, tous dépens dommages & interêts reservez en diffinitif, piéces & productions principales desdites parties sur lesquelles ladite Sentence est intervenue, ladite Requête & Ordonnance du Conseil du dix-sept Janvier mil sept cent un, & exploit d'assignation donné en conséquence le vingt dudit mois à la requête desdits Jurés, Corps & Communauté des Maîtres Doreurs audit Saultray sur l'appel de ladite Sentence. Défaut faute de comparoir obtenu contre ledit Saultray du sept Février 1701. Arrêt du Conseil intervenu entre les parties, portant que sans s'arrêter au déclinatoire dudit Saultray les parties se retireront au Greffe pour passer l'appointement de conclusion du vingt cinq Février 1701. Arrêt de notredit Conseil obtenu par lesdits Jurés, Corps & Communauté des Doreurs par défaut contre ledit Saultray, par lequel le Conseil a mis & met l'appellation de ladite Sentence de la Prevôté de l'Hôtel du vingt Décembre 1700. & ce dont est appel au néant, émandant & corrigeant ordonné que ladite Sentence de ladite Prevôté de l'Hôtel du seize de Septembre précédent sera exécutée selon sa forme & teneur, condamne ledit de Saultray aux dommages & interêts desdits Demandeurs & aux dépens du vingt quatre Mars 1701. au dos est la signification du deux Avril 1701. Requête présentée au Conseil par ledit Saultray le neuf dudit mois d'Avril 1701. à ce qu'il fût reçu opposant à l'exécution du susdit Arrêt du vingt-quatre Mars 1701. faisant droit sur ladite opposition, le décharger des condamnations portées par ledit Arrêt, & condamner lesdits Jurés & Communauté des Maîtres Doreurs aux dépens. Arrêt du Conseil qui reçoit ledit Saultray opposant audit Arrêt en refondant les dépens, donné acte des offres dudit Saultray de huit livres, & faute de les accepter se retirera à la Communauté des Procureurs sur la suffisance ou insuffisance desdites offres, & les parties passeront l'appointement de conclusion du onze Avril 1701. Autre Arrêt du Conseil qui appointe les parties à fournir; Sçavoir, par les Appellans de griefs dans huitaine, les Intimés de réponses huitaines après, écrire, produire & contredire dans les deux huitaines suivantes pour leur être fait droit du douze Avril 1701. Acte de signification dudit Arrêt d'appointement & sommation faite à la requête desdits Doreurs audit Saultray de satisfaire audit appointement, y ayant satisfait de leur part du quatorze Avril 1701. Requête desdits Jurés & Communauté des Doreurs employée pour griefs & moyen d'appel contre ladite Sentence du vingt Décembre 1700. du dix neuf Avril 1701. ladite Requête dudit Saultray du premier Juin 1701. énoncée aux qualité du présent Arrêt, & employée pour réponses aux prétendu griefs desdits Jurés & Communauté contre ladite Sentence du vingt Décembre 1700. pour satisfaire audit appointement de conclusion, & pour faire droit sur l'appel par lui interjetté de ladite Sentence de ladite Prévôte du seize Septembre 1700. ordonner que les parties écriront & produiront dans huitaine & joint à l'instance d'appel de ladite Sentence du vingt Décembre 1700. du premier Juin 1701. Arrêt du Conseil qui reçoit ledit Saultray appellant de ladite Sentence du seize Septembre 1700. ordonne que sur ledit appel les parties écriront & produiront dans trois jours & joint, sans préjudice des fins de non-recevoir, défenses au contraire du sixiéme Juin 1701. signifié le huit dudit mois. Sommation faite à la Requête desdits Jurés Doreurs audit Saultray de satisfaire au susdit Arrêt de Reglement du même jour, ladite Sentence rendue en ladite Prévôté de l'Hôtel entre lesdites parties le seize Septembre 1700. par laquelle main-levée est faite audit Saultray de la saisie sur lui faite sans tirer à conséquence, & ordonné que les choses saisies lui seront rendues si fait n'a été, à ce faire les gardiens & dépositaires contraints, quoi faisant déchargez, & au surplus sera ledit Saultray tenu dans trois mois de la signification de ladite Sentence, d'opter laquelle des deux professions il voudra se servir, pour exercer l'une des deux professions seule suivant & conformément à l'Arrêt du Conseil du dix-sept Juin 1681. & sur le surplus des autres demandes met les parties hors de Cour, dépens compensez, fors le coût de ladite Sentence qui sera payée par ledit Saultray, du seize Septembre 1700. signifiée le vingt-trois dudit mois; la Requête présentée en la Prévôté de l'Hôtel par ledit Saultray, l'assignation donnée en conséquence ausdits Jurés & Communauté des Doreurs du premier Septembre 1700. & la Requête desdits Jurés & Communauté desdits Maîtres Doreurs en ladite Prévôté de l'Hôtel du dix Septembre 1700. sur lesquelles Requêtes ladite Sentence est intervenue. Requête présentée au Conseil par lesdits Jurés, Corps & Communauté des Doreurs employée pour contredits contre la production principale dudit Saultray du six Juin mil sept cent un. Requête présentée au Conseil par lesdits Jurés & Communauté des Doreurs employée pour toutes écritures & productions, & pour réponses à la requête dudit Saultray du premier Juin mil sept cent un. & pour production des piéces suivantes du dix Juin 1701. saisie & exécution faite à la Requête des Doreurs d'un paquet d'ouvrages de dorure trouvé entre les mains d'un garçon passant sur le Quai de Gêvres du vingt-huit Août 1700. Cahier de copies de piéces, la premiere est copie du Brevet de Doreur privilegié suivant la Cour accordé audit Saultray du deux Septembre 1696. La deuxiéme copie de la Sentence d'enregistrement du douze Septembre 1696. la troisiéme est copie de la signification qui a été faite desdites Lettres aux Jurés Doreurs du treize desdits mois & an, & la quatriéme, copie de la Requête présentée en ladite Prevôté par ledit Saultray, afin de main-levée de ladite saisie & autres fins y portées, ensuite est l'assignation donnée en ladite Prévôté ausdits Jurés & Communauté des Doreurs du premier Septembre 1700. Copie d'une autre Requête présentée par ledit Saultray en ladite Prévôté de l'Hôtel du sept dudit mois de Septembre. Requête desdits Jurés & Communauté des Doreurs en ladite Prévôté, à ce qu'entr'autres choses ladite saisie fût déclarée valable, & ledit Saultray tenu d'opter l'un des deux Arts & Métiers de Doreur privilegié ou de Maître Fondeur à Paris du dixiéme Septembre. Acte de dénonciation de piéces audit Saultray à la requête desdits Doreurs du treize dudit mois. Dire desdits Jurés & Communauté des Doreurs signifié audit Saultray le troisiéme Juin 1701. employé pour fins de non-recevoir contre l'appel interjetté par ledit Saultray de ladite Sentence du 16 Septembre 1700. Requête présentée audit Conseil par ledit Saultray employée pour écritures & production pour satisfaire à l'appointement de conclusion du 12 Avril dernier, & Arrêt de Reglement du 6 Juin dernier, avec les piéces y énoncées ci-devant distraites. Requête desdits Jurés & Communauté des Doreurs employée pour contredits contre la production faite au Conseil contre ledit Saultray du 18 Juin 1701. ladite Requête dudit Saultray employée pour addition de griefs. Réponses aux griefs desdits Jurés & contredits contre les trois productions & autres conclusions énoncées aux qualités du présent Arrêt du huit Juillet 1701. Arrêt du Conseil qui joint ladite Requête au procès du douze dudit mois de Juillet. Requête desdits Jurés & Communauté des Doreurs employée pour réponses & salvations à la requête dudit Saultray du huit Juillet 1701. du quinze dudit mois. Acte de distribution du procès à Monsieur Damond Conseiller au Conseil au Conseil, du vingt-cinquiéme jour d'Avril dernier, & tout ce que par lesdites parties a été mis & produit par devers le Conseil. Le Conseil a mis & met l'appellation de ladite Sentence du vingt Décembre 1700. & ce dont a été appellé au néant, émendant & corrigeant, sans s'arrêter à l'appel dudit Saultray de ladite Sentence du seize Septembre audit an dont il est débouté, ni à sa Requête du 8 Juillet dernier; Ordonne que ladite Sentence du 16 Septemb. sera exécutée, en conséquence ledit Saultray tenu de faire l'option portée par ladite Sentence du 16 Septembre 1700. dans quinzaine du jour de la signification du présent Arrêt, a condamné & condamne ledit Saultray en l'amende de douze livres & en tous les dépens tant des causes principales que d'appel, & sera l'amende de l'appel desdits Doreurs rendue. FAIT audit Conseil à Paris le quinziéme jour de Juillet mil sept cens un. Collationné, *Signé* MOLIN.

Monsieur DAMOND, *Rapporteur.*

CERON, Procureur.

L'an mil sept cent un, le vingt-deuxiéme jour de Juillet, signifié & baillé copie à Maître René Maréchal, Procureur de Partie adverse en son domicile, par moi Huissier du Conseil, soussigné. FRANÇOIS.

L'AN mil sept cent un, le vingt-deuxiéme jour de Juillet, à la requête des Jurés, Corps & Communauté des Maîtres Doreurs de cette Ville de Paris, pour lesquels domicile est élû en la maison & personne de Maître Jacques Ceron, Procureur au grand Conseil, rue Pavée près Saint André des Arcs : J'ay Huissier audit Conseil soussigné, demeurant à Paris, rue aux Fers, Paroisse Saint Eustache, signifié & baillé copie du présent Arrêt à Guillaume Saultray en son domicile parlant à sa personne, à ce qu'il n'en ignore, le sommant & interpellant de satisfaire à icelui dans le tems y porté, ce faisant de faire l'option en laquelle il a été condamné dans ledit temps, sinon & à faute de ce faire, & ledit temps passé protestent qu'il ni sera plus reçeu, & que lesdits Jurés Doreurs feront fermer l'une de ses deux boutiques de Doreur ou de Fondeur, ainſi & comme ils aviſeront bon être, ſans préjudice de ſe pourvoir pour faire taxer leurs dépens ainſi qu'il appartiendra, & ai laiſſé copie du préſent exploit avec celle du ſuſdit Arrêt. *Signé* FRANÇOIS.

Contrôlé à Paris, le vingt-trois Juillet 1701. Regiſtre 125. fol 132. CAURIER.

Le préſent Arrêt a été rendu à la pourſuite & diligence de JEAN LESCOUEFLET, ALEXIS GOBIN, ARNOULT HERON & PIERRE MORLET, Jurés en charge de ladite Communauté.

Déclaration du Roy, donnée en faveur de la Communauté des Maîtres Ciſeleurs, Doreurs, Argenteurs, &c. Qui les confirme dans le droit d'hérédité des Offices de Syndic, Jurés, Auditeurs de leur comptes.

Du 2 Janvier 1706.

LOUIS PAR LA GRACE DE DIEU, ROY DE FRANCE ET DE NAVARRE; A tous ceux qui ces préſentes Lettres verront : SALUT : Par notre Edit du mois d'Août mil ſept cens un, Nous avons ordonné que tous les Officiers de notre Royaume dont les Offices ſont héréditaires ou en ſurvivance, demeureroient maintenus & confirmés dans l'hérédité, à la charge de Nous payer par chacun d'eux les ſommes pour leſquelles ils ſeroient compris dans les rôles qui ſeroient arrêtés à cet effet, & les deux ſols pour livre d'icelles; qui leur tiendroient lieu d'augmentation de finance, & par Arrêt de notre Conſeil du onze Juillet mil ſept cent deux, Nous avons ordonné que ledit Edit ſeroit exécuté à l'égard des Communautés & Officiers tant de Judicature qu'autres, qui ont fait réunir à leurs Corps & Communautés des Offices, Droits ou Taxations héréditaires, nonobſtant la prétention où ils étoient de n'être point dans le cas de cette confirmation: En conſéquence deſquels Edit & Arrêt les Jurés & Communautés des Maîtres Ciſeleurs ſur Fer, Fonte, Cuivre, Laiton & Acier, Doreurs, Argenteurs & Damaſquineurs de nòtre bonne Ville de Paris, ont été employés pour la ſomme de deux mille neuf cens ſoixante dix livres, & les deux ſols pour livre, à cauſe des Offices de Syndics Jurés, & d'Auditeurs des comptes de leur Communauté créés ès années mil ſix cens quatre vingt onze, & mil ſix cens quatre vingt quatorze, dont Nous leur avons accordé la réunion: & comme par autre Edit du même mois de Juillet mil ſept cens deux, Nous avons créé par chaque Corps des Marchands & Communautés d'Arts & Métiers de notre Royaume un Tréforier Receveur & Payeur de leurs deniers communs, leſdits Jurés prenant occaſion de ladite taxe de confirmation d'hérédité, laquelle ils auroient prétendu toujours ne pas devoir; mais voulant en cela nous marquer leur ſoumiſſion, & conſidérant qu'il ne pouvoit y avoir rien de plus avantageux pour leur Communauté que d'y réunir pareillement ledit Office de Tréſorier avec les taxations & droits qui y ſont attachés, & les gages tels qu'il Nous plairoit d'y attribuer, ils Nous auroient très-humblement fait ſupplier de leur accorder ladite réunion, & de Nous contenter d'une ſomme de quatre mille deux cens livres de principal, & de quatre cens vingt livres pour les deux ſols pour livre, tant pour la finance dudit Office que pour ladite taxe de confirmation d'hérédité, laquelle propoſition & offre, Nous avons bien voulu accepter, & en conſéquence avons ordonné par Arrêt de notre Conſeil du vingt-quatriéme Mars mil ſept cens trois, qu'en payant par eux leſdites ſommes dans certains termes, ils jouiroient du bénéfice de ladite confirmation, & dudit Office de Tréſorier, qui demeureroit uni & incorporé à leur Communauté, avec les droits, priviléges & Exemptions y attribués, & de ſoixante dix-neuf livres de gages actuels & effectifs par chacun an, à commencer du premier du mois de Janvier mil ſept cent trois, même leur avons permis d'emprunter leſdites ſommes en tout ou partie, & accordé aux preſteurs le privilége & hipotheque ſpécial ſur ledit Office droits & gages y attribués, pour l'exécution deſquelles offres, & attendu qu'ils ne ſont pas aſſurés de trouver à emprunter dans le public des deniers ſuffiſans pour les remplir, comme ils n'ont rien tant à cœur que de nous marquer leur zele & leur obéiſſance à nos volontés, ils croient qu'ils ſeront obligés de lever par forme de preſt ſur eux-mêmes, ce qui leur pourra manquer, laquelle levée ils ne peuvent faire ſans notre permiſſion; d'ailleurs jugeant néceſſaire de pourvoir à ce que les arrérages des ſommes qu'ils emprunteront du public ou qu'ils leveront par repartition ſoient exactement payées & même qu'il puiſſe y avoir de temps à autre du revenant bon pour employer à l'extinction du principal, ce qui ne se peut qu'en imposant quelques droits nouveaux sur les Visites & sur les Receptions, & en se prescrivant des Reglemens qui les maintiennent dans une exacte discipline, & empêchent les abus qui détruisent ordinairement les Communautés les mieux établies, ils ont pris entr'eux sous notre bon plaisir une délibération contenant quelques dispositions qu'ils desireroient qu'il Nous plût autoriser ; & voulant favorablement traiter ladite Communauté desdits Maîtres Ciseleurs sur Fer, Fonte, Cuivre, Laiton & Acier, Doreurs, Argenteurs & Damasquineurs de notre bonne Ville de Paris, leur donner des marques de la satisfaction que Nous avons de leur obéissance, & leur faire ressentir les effets de Notre protection : A CES CAUSES, & autres à ce Nous mouvans, après avoir fait examiner en Notre Conseil ladite délibération prise en leur Communauté, ensemble ledit Arrêt du vingt-quatre Mars mil sept cens trois, & de Notre certaine science, pleine puissance & autorité Royale, Nous avons par ces présentes signées de notre main, conformément à notre Edit du mois d'Août mil sept cens un, à l'Arrêt de notre Conseil du onze Juillet mil sept cens deux, & à celui dudit jour vingt-quatre Mars mil sept cens trois, maintenu & confirmé, maintenons & confirmons ladite Communauté des Maîtres Ciseleurs sur Fer, Fonte, Cuivre, Laiton & Acier, Doreurs, Argenteurs & Damasquineurs de notre bonne Ville de Paris, dans l'hérédité de leurs Offices de Syndics Jurés, & d'Auditeurs de leurs comptes, dont Nous leur avons ci-devant accordé la réunion, & de la même autorité que dessus, avons uni & incorporé, unissons & incorporons à ladite Communauté l'Office de Tréforier Receveur & Payeur de leurs deniers communs, créé par Edit du mois de Juillet mil fept cens deux, pour jouir par eux des droits, priviléges & exemptions y attribués; & en outre de foixante dix-neuf livres de gages actuels & effectifs par chacun an, à commencer du premier Janvier mil fept cens trois, fans que pour raifon dudit Office ils foient obligés de prendre aucunes Lettres de provifions, ni qu'ils foient ci-après tenus d'aucunes taxes de confirmation d'hérédité ni autres, dont Nous les déclarons exempts, à la charge de payer par eux tant pour ladite confirmation d'hérédité des Offices de Syndics & d'Auditeurs, que pour ledit Office de Tréforier, la fomme de quatre mille deux cens livres de principal fur les quittances du Receveur de nos deniers cafuels, & en attendant l'expédition d'icelles, fur les recépiffés de Maître Jean Garnier, que Nous avons chargé de ce recouvrement, ou de fes Procureurs ou Commis, portant promeffes de les fournir, & de celle de quatre cens vingt livres pour les deux fols pour livre, fur les quittances dudit Garnier, lefdites deux fommes faifant enfemble, celle de quatre mille fix cens vingt livres, payable dans les termes portés par ledit Arrêt dudit jour vingt-quatre Mars mil fept cens trois, à l'effet de quoi permettons aux Jurés de ladite Communauté de préfent en Charge, d'emprunter conformément audit Arrêt, ou d'impofer fi fait n'a été fur tous les Maîtres d'icelle par forme de prêt, le plus équitablement que faire fe pourra, ladite fomme de quatre mille fix cens vingt livres, & celle de deux cens cinquante livres, pour fournir à la dépenfe defdits emprunts fuivant l'état de répartition qui en sera arrêté par le sieur d'Argenson Maîtres des Requêtes, Lieutenant Genéral de Police de notre bonne Ville & Fauxbourgs de Paris, lequel état Nous entendons être exécuté selon sa forme & teneur, & les dénommés en icelui contraints au payement des sommes pour lesquelles ils y seront ou ont été employés par les voyes, & ainsi qu'il est accoutumé pour nos deniers & affaires; Voulons que ceux qui prêteront ayent privilége spécial sur lesdits gages & droits attribués audit Office de Trésorier, comme aussi sur les deniers qui seront levés par augmentation en conséquence des présentes, & genéralement sur tous les biens, effets & revenus de ladite Communauté, & que les arrérages leur en soient payés d'année en année à raison du denier vingt, & pour donner moyen à ladite Communauté non-seulement de payer annuellement lesdits arrérages, mais encore d'acquitter de temps à autre quelque chose sur le principal, en sorte qu'elle soit libérée le plus promptement qu'il sera possible, comme aussi pour maintenir la discipline qui doit être entr'eux, & empêcher les entreprises qui se font sur leur profession, Nous avons par ces mêmes présentes dit, statué & ordonné, disons, statuons & ordonnons, voulons & Nous plaît ce qui s'ensuit.

ARTICLE I.

Les Apprentifs payeront pour chaque Brevet d'apprentissage la somme de vingt livres, au lieu de dix livres qu'ils payoient ci-devant, & pareille somme pour chaque transport de Brevet, lesquelles vingt livres seront payées par les Maîtres qui obligeront lesdits Apprentifs; sauf leur recours contre eux, conformément à notre Déclafation du dernier Avril mil ſix cens quatre-vingt onze.

I I.

Les Jurés de ladite Communauté n'appelleront à l'avenir lors de la reception d'un Aſpirant à la Maîtriſe, que le Doyen, douze Anciens, trois modernes, & trois jeunes Maîtres alternativement ſuivant l'ordre du Tableau, auſquels il ne ſera payé outre les droits ordinaires au profit de la Communauté, ſçavoir, par chacun Maître qui ſera reçu par chef-d'œuvre, que quatre livres à chacun deſdits Jurés, au Doyen & au Clerc; quarante ſols à chacun des douze anciens, & vingt ſols à chacun des trois modernes & trois jeunes Maîtres; & par les Gendres & Fils de Maîtres, trois livres à chacun deſdits Jurés, au Doyen & au Clerc, trente ſols à chacun des douze anciens, & quinze ſols à chacun des trois modernes & trois jeunes Maîtres, leur défendons de recevoir davantage à peine de concuſſion.

I I I.

Permettons aux Jurés de ladite Communauté de recevoir ſix Maîtres ſans qualité, au prix le plus avantageux à la Communauté, pour être les deniers qui en proviendront employés au payement des rentes & autres dettes contractées pour notre ſervice & non autrement, pour leſquelles receptions ſeront payés aux Jurés, anciens, modernes & Jeunes Maîtres, les anciens droits qui ſe payent aux receptions par chef-d'œuvre.

I V.

Défendons à tous particuliers d'entreprendre ſur l'état & profeſſion de Doreurs ſur Fer, & autres métaux, ni de colporter aucuns ouvrages dépendant dudit état, à peine de confiſcation, & de de trois cens livres, dont cent livres d'amende applicable à notre profit, cent livres au dénonciateur, & cent livres à la Communauté ; défendons pareillement à tous Maîtres de ladite Communauté de faire travailler chez eux aucuns ouvriers ni ouvrieres qu'ils ne soient apprentifs de notre bonne Ville de Paris, fils ou filles de Maîtres ou Compagnons dudit métier, soit de notre Ville de Paris, soit des autres Villes de notre Royaume le tout conformément aux Sentences & Arrêts.

V.

Il sera à l'avenir tenu un Registre par les Jurés de ladite Communauté, sur lequel seront transcrites les délibérations qui y seront prises, & tous autres actes concernant les affaires d'icelles, lesquelles délibérations seront signées par lesdits Jurés, par tous les anciens, par six modernes & six jeunes Maîtres qui seront mandés successivement à cet effet suivant l'ordre du Tableau.

V I.

Voulons que lorsqu'il sera procédé aux remboursemens qui seront faits aux Maîtres qui ont prêté ou prêteront leurs deniers pour ladite confirmation d'hérédité, & ledit Office de Trésorier, il soit commencé par ceux desdits Maîtres qui auront les premiers payé leur cotte-part en entier, suivant les dates des quittances finales qu'ils en apporteront.

V I I.

Et d'autant qu'il est du bien public que la police de notre bonne Ville de Paris, & des Fauxbourgs soit uniforme & observée également, permettons aux Jurés de ladite Communauté de faire leurs visites dans les maisons des Doreurs du Fauxbourg saint Antoine, de l'enclos du Temple, de ſaint Denis de la Chartre, de ſaint Jean de Latran, de l'Abbaye ſaint Germain des Prés, rue de l'Ourſine, & autres lieux Privilégiés ou prétendus tels, de notredite Ville & Fauxbourgs, comme auſſi dans les maiſons de ceux qui exercent ladite profeſſion de Doreurs à titre de privilége du Prevôt de notre Hôtel ou autrement, même en cas que leſdits Jurés trouvent dans leſdits lieux privilégiés des Doreurs ayant dans leurs boutiques ou maiſons ouvrages dorés & argentés de la qualité de ceux dont l'uſage & le commerce eſt défendu par nos Ordonnances, leur enjoignons d'en faire dreſſer un procès verbal, & enſuite leur rapport à nos Officiers du Châtelet; ne pourront néanmoins leſdits Jurés prétendre aucuns droits de viſites ſur leſdits Doreurs à titre de privilége, ni de ceux qui exercent ladite profeſſion dans leſdits lieux privilégiés, à moins que leſdits Doreurs ne fuſſent auſſi Maîtres de ladite Communauté.

Article VIII. & dernier.

Voulons au ſurplus que les Statuts, Articles & Ordonnances concernant ladite Communauté des Maîtres Ciſeleurs ſur Fer, Fonte, Cuivre, Laiton & Acier, Doreurs, Argenteurs & Damaſquineurs, de notredite Ville & Fauxbourgs de Paris, enſemble les Déclarations, Arrêts & Reglemens rendus en conſéquence en faveur de ladite Communauté, ſoient éxécutés ſelon leur forme & teneur Si donnons en mandement à nos amés & féaux Conſeillers les Gens tenans notre Cour de Parlement à Paris, que ces préſentes ils ayent à faire lire, publier & regiſtrer, & du contenu en icelles faire jouir & uſer leſdits Maîtres Ciſeleurs ſur Fer, Fonte, Cuivre, Laiton & Acier,

Doreurs, Argenteurs & Damasquineurs de notredite Ville & Fauxbourgs de Paris, selon leur forme & teneur : car tel est notre plaisir, en témoin de quoi Nous avons fait mettre notre scel à cesdites présentes; données à Versailles le second jour de Janvier l'an de grace mil sept cens six; & de notre Regne le soixante-troisiéme. LOUIS. par le Roy, PHELYPEAUX.

Vû au Conseil CHAMILLART.

Registrées oui le Procureur Général du Roi, pour jouir par ladite Communauté de leur effet & contenu, & être éxécutées selon leur forme & teneur, suivant & aux charges portées par l'Arrêt de ce jour. A Paris en Parlement le septiéme Juin mil sept cens six.

Signé DU TILLET.

Sentence de Police, du 3 Avril 1717.

A TOUS ceux qui ces presentes Lettres verront. Gabriel Jerôme de Bullion, Chevalier Comte d'Esclimont, Prevôt de Paris, SALUT. Sçavoir faisons, que sur la Requête faite en Jugement devant Nous, à l'Audience de la Chambre de Police du Châtelet de Paris, par Me Dufour, Procureur des Jurés de la Communauté des Maîtres Doreurs sur tout métaux à Paris, Demandeurs en confirmation de l'avis du Procureur du Roi, du dix-neuf Mars dernier, qui a déclaré la saisie faite sur le Défendeur, bonne & valable, des choses saisies & confisquées au profit des Demandeurs, & défenses à lui d'entreprendre sur leurs Métiers, avec dépens contre Juste Penille, Procureur de Marnoir. Lesdits Boutonniers à Paris, Défendeurs : Parties oüyes. Nous avons de l'avis du Procureur du Roy confirmé, en conséquence la saisie déclarée valable; les choses saisies confisquées au profit des Jurés : défenses au Défendeur d'entreprendre sur leur Métier & condamné aux dépens, ce qui sera exécuté nonobstant & sans préjudice de l'Appel. EN TEMOIN, de ce Nous avons fait sceller ces présentes qui furent faites & données par Monsieur d'Argenson Lieutenant General de Police de la Ville, Prevôté & Vicomté de Paris, y tenant le Siege le Vendredi 30 Avril mil sept cens dix-sept, & délivré pour seconde expedition le vingt Décembre mil sept cens quarante-six, Collationné, signé DE BEAUVAIS, scellé le vingt-deux, reçu 30 s. signé SAUVAGE, avec paraphe.

LOUIS PAR LA GRACE DE DIEU, ROY DE FRANCE ET DE NAVARRE. Au premier notre Huissier ou autre, sur ce requis, SALUT Sçavoir faisons, qu'entre les Jurez en Charge de la Communauté des Maîtres Fondeurs à Paris, appellans de la Sentence du Lieutenant General de Police, au Châtelet de Paris, du seiziéme Juin mil sept cens seize, aux choses qui leur font préjudice d'une part; & les Jurez en Charge de la Communauté des Maîtres Doreurs de notre bonne Ville de Paris, & Nicolas Maurer, Maître Doreur, intimé d'autre part; & encore entre lesdits Jurez en Charge de la Communauté des Maîtres

Fondeurs à Paris, appellans d'une autre Sentence, rendue par ledit sieur Lieutenant General de Police, le trente Juillet mil sept cens dix-sept, d'une part; & Nicolas Lefranc, Maître Doreur à Paris, intimé d'autre; & entre ledit Lefranc, Appellant de ladite Sentence du trente Juillet audit an mil sept cens dix-sept, d'une part & lesdits Jurez en Charge de la Communauté des Maîtres Doreurs, Appellans pareillement de ladite Sentence du Lieutenant General de Police, dudit jour trente Juillet mil sept cens dix-sept, & Demandeur en Requête du dix-neuf Février, mil sept cens dix-huit: afin d'intervention en l'instance d'entre lesdites Parties, d'une part; & lesdits Jurez en Charge de la Communauté des Maîtres Fondeurs à Paris, Intimés & Défendeurs d'autre; & entre Joseph Gannat, Maître Doreur, Demandeur en Requête d'intervention, du sept Décembre mil sept cens dix-huit, d'une part; & lesdits Jurez en Charge de la Communauté des Maîtres Fondeurs, les Jurez en Charge de la Communauté des Maîtres Doreurs, ledit Lefranc, Maître Doreur, & ledit Morer, aussi Maître Doreur, Défendeurs d'autre; & encore entre lesdits Jurez en Charge de la Communauté des Maîtres Fondeurs, Demandeurs en Requête, du seize Février mil sept cens dix-neuf, d'une part; & ledit Gannat, Maître Doreur, Défendeur d'autre part. Vu par la Cour, ladite Sentence dont est appel contradictoirement rendue par ledit sieur Lieutenant General de Police, ledit jour seiziéme Juin 1716, entre ledit Morer & lesdits Jurés en Charge de la Communauté des Maîtres Doreurs, d'une part; & lesdits Jurés en Charge de la Communauté des Maîtres Fondeurs, d'autre part; par laquelle, sans que les qualitez puissent nuire ni préjudicier ausdites Parties, attendu que les Bassinets n'étoient pas ébarbés & réparez, la saisie dont étoit question, auroit été déclarée bonne & valable, & ordonne qu'ils seroient remis ès mains desdits Fondeurs, pour les réparer, & ensuite rendus aux Doreurs, attendu que les Bassinets & embasses étoient brutes, la saisie valable, les choses saisies rendues pour cette fois; main-levée auroit été faite des Blocs, les trente-cinq Embasses de grille trouvées dans la Boutique, non dorées & saisies, seroient rendues; lesdits Doreurs seroient tenus de se conformer à l'Arrêt de la Cour, du quinze Février mil sept cent quinze; le Lustre à huit branche, trouvé dans la Boutique, seroit pareillement rendu pour cette fois, & à l'avenir seroit tenu ledit Morer, de le couvrir de maniere qu'il n'y ait que deux branches découvertes, pour faire connoître qu'il n'étoit pas exposé en vente, en tant que touchoit la Demande desdits Fondeurs, à ce que lesdits Doreurs fussent tenus de mettre dans leur arriere-Boutique les ouvrages non dorez, dit auroit été, que conformément audit Arrêt dudit jour quinze Février mil sept cent quinze; lesdits Doreurs ne pourroient exposer en vente ni en leurs Boutiques, lesdits ouvrages non dorez; la saisie des quatre-vingt dix livres pésant de fonte, auroit été déclarée bonne & valable, ordonné néanmoins qu'elles seroient rendues audit Morer, parties saisie préalablement réparées par lesdits Fondeurs, aux dépens desdits Doreurs. Quant aux quatre Piéces prêtes à ciseler, la saisie desdites quatre Piéces auroit été déclarée bonne & valable, & néanmoins auroit été dit, qu'elles feroient remifes aux Fondeurs, en conformité dudit Arrêt de la Cour, pour les fouder aux dépens dudit Morer, si mieux n'aimoit ledit Morer, les caffer pour être remifes à la fonte. Quant à la Branche détachée d'un Bras, limée & prête à reparer, attendu qu'elle ne s'étoit pas trouvée dans la Caffette fcellée par le Commiffaire Yfabeau, lefdites Parties auroient été mifes hors de Cour & de Procès à cet égard, & en ce qui concernoit le Bras garni de deux branches & deux vis de fer, pour monter fur la Plaque encimentée, attendu qu'elle ne s'étoit pû trouver, lefdites Parties auroient auffi été mifes hors de Cour & de Procès, à cet égard, main-levée auroit été faite des 4 Filieres garnies de leurs Tarros, de Vilebrequin garni de fon Trépan, & de cinq Forêts garnis de leur Archet; attendu que lefdits Outils pouvoient également fervir aux deux parties qu'en deux groffes limes d'Allemagne, auffi faifies, les Parties auroient été mifes hors de Cour, & néanmoins auroit été ordonné que lefdits Doreurs feroient tenus de ne s'en fervir qu'aux Ouvrages dont la fabrique leur étoit refervée par ledit Arrêt, & quant aux douze Riffloirs, main-levée en auroit pareillement été faite aufdits Doreurs, fous la même condition. Ledit Morer auroit été condamné en dix livres de dommages & interêts envers les Fondeurs, & en trois livres d'amande, fauf fon recours pour fes dommages & interêts contre celui qui lui avoit livré la fonte, tous dépens compenfez, lettre auroit été donnée de ce que le Sieur Lemaitre, Gardien, avoit remis ès mains dudit Morer, lefdites chofes fur lui faifies, & en conféquence en demeureroit bien & valablement quitte & déchargé, ce qui feroit exécuté nonobftant & fans préjudice de l'appel. Arrêt du cinquiéme Décembre mil fept cent feize, d'appointé au Confeil fur ledit appel. Caufes d'appel, productions defdits Jurés en Charge de la Communauté des Maîtres Fondeurs, par leur Requête du trois Février mil fept cent dix-fept, à ce que l'appellation & Sentence dont étoit appel, fuffent mifes au néant, émandant en premier lieu la faifie faite à leur requête fur ledit Morer, par Procès-verbal fait en préfence dudit fieur Commiffaire le dixiéme jour de May mil fept cent quinze, d'un Luftre à huit Branches à tête de Vieillard, lequel étoit monté & expofé en vente dans ladite Boutique, fût déclarée bonne & valable; en fecond lieu, la faifie faite à leur requête par le même Procès-verbal, de douze Rifloirs faifis fur ledit Morer, fût pareillement déclarée bonne & valable; en troifiéme lieu, ledit Morer & lefdits Jurés en Charge, de la Communauté des Maîtres Doreurs fur fer, fonte, cuivre & laiton, fuffent condamnez aux dépens envers lefdits Jurés en Charge de la Communauté des Maîtres Fondeurs, chacun à leur égard, tant des caufes principales que d'appel; Réponfes dudit Morer, Maître Doreur, du dix-huit Août mil fept cent dix-fept, aufdites caufes d'appel; production dudit Morer, fuivant ledit Arrêt. Reponfes à caufe d'appel & productions defdits Jurés en Charge de la Communauté des Doreurs, par leur Requête du dix-fept Décembre mil fept cent dix-fept Requête defdits Jurés en Charge de la Communauté des Maîtres Fondeurs, du vingt-quatre Novembre audit an, employée pour falvations aux réponfes, à caufe d'appel dudit Morer, contenant auſſi nouvelle reçûe par l'Ordonnance, étant au bas; ſommation de contredire, par ledit Morer, contredits deſdits Jurés en Charge de la Communauté des Maîtres Fondeurs, du vingt-ſept Août mil ſept cent dix-huit, ſervant d'additions de cauſe d'appel; autre Sentence contradictoire dont eſt appel, rendue par ledit ſieur Lieutenant Général de Police au Châtelet de Paris, entre leſdits Jurés en Charge de la Communauté des Maîtres Fondeurs, d'une part, & ledit Lefranc, Maître Doreur d'autre part, ledit jour trente Juillet mil ſept cent dix-ſept, par laquelle auroit été dit, & que ſuivant aux termes de l'Arrêt de la Cour, du ving trois Avril mil ſept cent dix-ſept, ſervant de Reglemens entre les deux Communautés; leſdits Jurés en Charge de la Communauté des Maîtres Fondeurs, ſeroient tenus de réparer leurs ouvrages de l'Art de Fondeur, à la réſerve toutes fois de la derniere limure & poliſſure, néceſſaire pour appliquer l'or & l'argent en feuille qui appartenoient aux Doreurs, auſquelles déſenſes auroient été faites de les recevoir autrement, ni d'entreprendre ſur l'art des Fondeurs, & en conſéquence, la ſaiſie deſdits Jurés en Charge de la Communauté des Maîtres Fondeurs auroient été déclarée bonne & valable: ordonne néanmoins pour cette fois, que les choſes ſaiſies ſeroient rendues à la Partie ſaiſie, après toutefois qu'elles auroient été réparées & perfectionnées de l'Art des Fondeurs par un Fondeur tel que ladite Partie ſaiſie voudroit choiſir, & à ſes frais, ès mains duquel leſdits ouvrages ſaiſis ſeroient remis par le Greffier qui en étoit dépoſitaire, & juſqu'à ce, reſteroient au Greffe; dépens compenſés entre les Parties, ce qui ſeroit exécuté nonobſtant & ſans préjudice de l'appel. Arrêt du trente un Décembre 1717, par lequel ſur ledit appel, les Parties auroient été appointées au Conſeil, & joint à ladite inſtance, cauſes d'appel & production deſdits Jurés en Charge de la Communauté des Maîtres Fondeurs, par leur Requête du dix Fevrier mil ſept cens dix-huit, à ce que l'appellation & Sentence dont étoit appel fuſſent mis au néant, en ce que par icelle il eſt dit, que les choſes ſaiſies ſur ledit Lefranc, lui ſeroient rendues, & en ce que les dépens auroient été compenſez, émandant quant à ce, il fût ordonné que les ouvrages & Marchandiſes ſaiſies ſur ledit Lefranc, ſeroient & demeureroient confiſquez au profit de ladite Communauté des Fondeurs, & ledit Lefranc fût condamné aux dépens, tant des cauſes principales que d'appel. Production dudit Lefranc, en exécution dudit Arrêt. Requête dudit Lefranc, du 18 Février mil ſept cens dix-huit, à ce qu'il fût reçû Appellant de ladite Sentence, dudit jour trente Juillet mil ſept cent dix-ſept; faiſant droit ſur ledit appel, l'appellation & ce fuſſent mis au néant, émandant, en conſéquence des Statuts des Doreurs, & de l'Arrêt de la Cour, du ſeize Février mil ſept cent quinze, la ſaiſie ſur lui faite le ſix Mars mil ſept cens dix-ſept, fût déclarée nulle, injurieuſe, tortionnaire & déraiſonnable; pleine & entiére main-levée lui en fût faite, il fût ordonné que les choſes ſaiſies lui ſeroient rendues, à ce faire, tous Gardiens & Dépoſitaires contraints; leſdits Fondeurs fuſſent condamnez en ſes dommages interêts & aux dépens. Requête deſdits Jurés en Charge de la

Communauté des Maîtres Doreurs, du dix-neuf Février mil sept cent dix-huit, à ce qu'ils fussent reçus Parties intervenantes en ladite instance. Acte leur fût donné de ce que pour moyens d'intervention, ils employent le contenu en leur Requête, & de ce qu'ils adhéroient aux conclusions prises par ledit Lefranc, même en tant que besoin étoit ou seroit; ils fussent reçûs Parties appellantes de ladite Sentence du trente Juillet 1717. faisant droit sur leur intervention & appel, il fût ordonné que lesdits Statuts des Doreurs, ensemble l'Arrêt de la Cour, du seize Février mil sept cent quinze, seroient exécutez selon leur forme & teneur, & en conséquence, Acte leur fût donné de ce qu'ils prenoient, pour trouble en la possession où ils étoient de Ciseler seuls, sur fer, fonte, cuivre & laiton, la saisie faite sur ledit Lefranc, par lesdits Fondeurs, le six Mars mil sept cent dix-sept, au préjudice de leurs Statuts & dudit Arrêt de la Cour; ce faisant, ils fussent maintenus en ladite possession; défenses fussent faites ausdits Fondeurs & à tous autres, de les troubler, & pour le trouble, lesdits Fondeurs fussent condamnez aux dommages & interêts desdits Doreurs, ils fussent pareillement maintenus, en conformité dudit Arrêt, dans le droit de prendre chez lesdits Fondeurs, les clous, boucles, & autres menus ouvrages servant à l'ornement & suspension des Carrosses, & aux harnois de Chevaux, brutes & sortant de la fonte; & en conséquence, infirmant ladite Sentence du trente Juillet mil sept cent dix-sept, & mettant l'appellation & ce au néant, ladite saisie du six Mars audit an, fût déclarée nulle, injurieuse, tortionnaire & déraisonnable; pleine & entiere

main-levée en fût faite audit Lefranc, & lesdits Jurés Fondeurs, fussent condamnez aux dépens; Arrêt du sept Mars mil sept cent dix-huit, par lequel lesdits Jurés Doreurs auroient été reçûs Parties intervenantes; Acte leur auroit été donné de ce que pour moyens d'intervention ils employent le contenu en leur Requête; sur les appellations, les Parties auroient été appointées au Conseil, & sur l'intervention & Demande en droit & joint à ladite instance. Requête dudit Lefranc, du 28 Mars 1718. employée pour réponse à cause d'appel & pour cause d'appel; suivant lesdits Arrêts des trente-un Décembre mil sept cent dix-sept, & sept Mars mil sept cent dix-huit. Autre Requête dudit Lefranc, du vingt-neuf dudit mois de Mars, employée pour Avertissement. Ecritures & productions en exécution de l'Arrêt du sept Mars mil cent dix-huit, causes & moyens d'appel; Avertissement desdits Jurés Doreurs, par leur Requête du vingt-neuf Mars audit an, aussi employée pour écritures & productions, suivant ledit Arrêt. Production, Requête desdits Jurés en Charge de la Communauté des Maîtres Fondeurs, du vingt-quatre Mai 1719. employés pour réponses à causes d'appel, & pour contredits de productions; contredits desdits Jurés Fondeurs, du 30
mil sept cens dix-huit, servant aussi d'avertissement & d'addition, de réponses, causes d'appel, en exécution des Arrêts de la Cour, des cinq Décembre mil sept cens seize & sept Mars mil sept cent dix-huit. Requête desdits Jurés en Charge de la Communauté des Maîtres Fondeurs, du vingt-huit Mars mil sept cent dix-huit, tendante, à ce qu'en leur adjugeant les conclusions qu'ils

avoient prises avec dépens, ledit Lefranc, Maître Doreur, fût condamné aux dépens réservés par l'Arrêt du vingt-trois Avril mil sept cent dix-sept & en ceux de ladite Demande, au bas de laquelle Requête la Cour avoit réservé par son Ordonnance; de faire droit en jugeant. Requête dudit Lefranc, du trente Mars mil sept cent dix-huit employée pour défenses à ladite Demande. Autre Requête dudit Lefranc, du 25 Avril mil sept cent dix-huit, tendante à ce qu'en lui adjugeant les conclusions par lui prises en l'instance; lesdits Jurés Fondeurs fussent condamnés en tous les dépens, même en ceux réservés par lesdits Arrêts du vingt-trois Avril mil sept cent dix sept, au bas de laquelle Requête est l'Ordonnance de la Cour, qui reserve à faire droit en jugeant. Requête desdits Jurés Fondeurs, du vingt-neuf Avril audit an, employée pour défenses à la Demande. Requête & Demande dudit Joseph Gannat, Maître Doreur, du sept Décembre mil sept cent dix-huit, à ce qu'en conséquence de la Sentence du Châtelet de Paris, rendue entre lui & lesdits Jurés Fondeurs, qui renvoyoit les Parties en la Cour pour y procéder sur leurs contestations; il fût reçû Partie intervenante en ladite instance. Acte lui fût donné de ce que pour moyens d'intervention, Avertissement, Ecritures & Productions, il employoit le contenu en ladite Requête, & en conséquence, attendu que ledit Gannat avoit suivi les dispositions de l'Arrêt de Reglement, du seize Février mil sept cent quinze, la saisie sur lui faite par Procès-verbal du sixiéme Mars mil sept cent dix-sept, dressé par le Commissaire Parisot, sans s'être fait assister d'un Huissier, fût déclarée nulle, injurieuse, tortionnaire & déraisonnable, pleine

& entiere main-levée lui en fût faite, avec dommages & intérêts ; & lesdits Jurés Fondeurs condamnés en tous les dépens Arrêt du douze Décembre 1718, par lequel ledit Gannat avoit été reçû Partie intervenante, Acte lui auroit été donné de ce que pour moyens d'intervention, il employoit le contenu en icelle Requête, & pour faire droit sur la Demande portée par icelle, les Parties auroient été appointées en droit, & joint à ladite instance ; productions des Parties, suivant ledit Arrêt. Requête desdits Jurés en Charge de la Communauté des Maîtres Fondeurs, du dix Février mil sept cent dix-neuf, employée pour fins de non-recevoir contre la précédente Demande. Ecritures & productions suivant ledit Arrêt. Autre Requête desdits Jurés Fondeurs, du cinq Juin mil sept cent dix-neuf, employée pour contredits contre la production dudit Gannat. Requête dudit Lefranc, du quatre Janvier mil sept cent dix-neuf, employée pour défenses, écritures & productions. Requête desdits Jurés en Charge de la Communauté des Maîtres Fondeurs, du vingt-trois Mai audit an, employée pour écritures & productions suivant ledit Arrêt. Requête desdits Jurés de la Communauté des Maîtres Fondeurs, du vingt-trois Mai mil sept cens dix-neuf, employée pour contredits. Requête desdits Jurés en Charge de la Communauté des Maîtres Doreurs, du trente Janvier audit an mil sept cent dix-neuf, employée pour avertissement, Ecritures & productions suivant ledit Arrêt Requête desdits Jurés en Charge de la Communauté des Maîtres Fondeurs, du vingt-quatre Mai audit an, employée pour avertissement, écritures & productions suivant ledit Arrêt. Requête desdits

Jurés en Charge de la Communauté des Maîtres Fondeurs, du 24 Mai audit an, employée pour réponses & contredits contre la précédente Requête dudit Gannat, du trente Janvier mil sept cent dix-neuf; à ce qu'en lui adjugeant les conclusions par lui prises en ladite instance, lesdits Jurés Fondeurs fussent condamnés en tous les dépens, même en ceux réservés par l'Arrêt du vingt-trois Avril mil sept cent dix-sept; au bas de laquelle Requête est l'Ordonnance de la Cour, qui auroit réservé à faire droit en jugeant. Requête desdits Jurés en Charge de la Communauté des Maîtres Fondeurs, du vingt-quatre Mai mil sept cent dix-neuf, employée pour défenses à ladite Demande & contredits de productions principales & nouvelles desdits Jurés en Charge de la Communauté des Maîtres Doreurs, du vingt-six Avril audit an mil sept cent dix-neuf, servant aussi de salvations d'additions de cause & moyens d'appel, de réponses à pareilles additions de cause d'appel & avertissement, en éxécution desdits Arrêts des cinq Décembre mil sept cent seize, trente-un Décembre mil sept cent dix-sept & douze Décembre mil sept cent dix-huit. Requête & Demande desdits Jurés en Charge de la Communauté des Maîtres Fondeurs, du seize Février mil sept cent dix-neuf, à ce que la saisie faite à la requête desdits Jurés Fondeurs sur ledit Gannat, Maître Doreur, par exploit du six Mars mil sept cent dix-sept, des Ouvrages de cuivre, autres matieres non dorées ni argentées, & exposées en vue & en vente, au préjudice de l'Arrêt de la Cour, du quinze Février mil sept cent quinze, fût déclarée bonne & valable : ce faisant, que les Marchandises & Ouvrages mentionnés en ladite faisie, seroient confisqués au profit de la Communauté des Maîtres Fondeurs. Ledit Gannat fût condamné en l'amende de cent livres, portée par ledit Arrêt du quinziéme jour de Février, à la représentation des choses saisies, ledit Gannat contraint même par corps, comme dépositaire; Défenses lui fussent faites à l'avenir, d'établir ni vendre de pareils Ouvrages, & ce suivant & conformément audit Arrêt du quinze Février mil sept cent quinze, sur plus grande peine; ledit Gannat fût pareillement condamné en tous les dépens, même en ceux réservés tant par ledit Arrêt du 23 Avril mil sept cent dix-sept, que par la Sentence du Châtelet, du dix-sept Décembre audit an, & en ceux de ladite Demande, au bas de laquelle Requête aussi employée pour écritures & productions, est l'Ordonnance de la Cour, qui régle ladite Demande en droit & joint, & donne Acte dudit employ; sommation dudit Gannat, de fournir de défenses à ladite Demande, & de satisfaire à ladite Ordonnance. Requête desdits Jurés de la Communauté des Maîtres Fondeurs, du vingt-deux Mai mil sept cent dix-neuf, employée pour salvations ausdits contredits de productions principales, & nouvelles desdits Jurés en Charge de la Communauté des Maîtres Doreurs, du vingt-sixiéme jour d'Avril audit an, pour réponses à leurs additions de cause d'appel & avertissement, & pour salvations aux réponses à cause d'appel portées par lesdites écritures suivant ledit Arrêt. Ladite Requête contenant aussi production nouvelle reçûe par l'Ordonnance de la Cour, étant au bas d'icelle, & sommation de la contredire par lesdits Jurés en Charge de la Communauté des Maîtres Doreurs; & par lesdits Morer, ret, Lefranc & Gannat, sommation générale de satisfaire à tous les Reglemens de ladite instance. Acte de redistribution d'icelle. Conclusions du Procureur Général du Roi. Tout joint & considéré : NOTRE-DITE COUR faisant droit sur le tout, en tant que touche l'appel desdits Jurés en Charge de la Communauté des Fondeurs, de la Sentence du Châtelet, du seize Juin mil sept cent seize; a mis & met l'Appellation & ce au néant, en ce qu'il a été ordonné que le Lustre à huit branches saisi sur ledit Moret, dont est question, seroit couvert de maniere qu'il n'y ait que deux branches découvertes; pour faire connoître qu'il n'étoit pas exposé en vente; & en ce que les dépens ont été compensés; émandant quant à ce seulement, déclare la saisie faite sur ledit Moret, du Lustre en question, bonne & valable; & néanmoins que ledit Lustre saisi, lui seroit rendu pour cette fois seulement, & sans tirer à conséquence, ladite Sentence au résidu sortissant effet, à la charge que les Doreurs ne pourront se servir que des Riffloirs servant aux Ouvrages dont la fabrique leur est réservée, conformément à l'Arrêt du quinze Février mil sept cent quinze, & non à ceux des Fondeurs; Ordonne que ledit Arrêt du quinze Février mil sept cent quinze, sera exécuté selon sa forme & teneur; en conséquence, fait itératives défenses audit Moret & aux autres Doreurs, d'exposer en vente & à la vue, à l'avenir, des Lustres & autres Ouvrages de cette nature, ni les vendre avant de les avoir dorés ou argentés; & faisant droit sur l'intervention dudit Joseph Gannat, Doreur. Demande desdits Jurés Fondeurs, par Requête, des sept Décembre mil sept cent dix-huit & seize Février mil sept cent dix-neuf; déclare

la ſaiſie faite ſur ledit Gannat, bonne & valable, & néanmoins leſdites choſes ſaiſies ſeront rendues pour cette fois ſeulement: lui fait défenſes à l'avenir, d'étaler ni vendre de pareils Ouvrages, que conformément audit Arrêt, ſur le ſurplus des fins & concluſions deſdites Parties, à cet égard, met leſdites Parties hors de Cour, & avant faire droit ſur l'appel deſdits Jurés Fondeurs, de la Sentence du Châtelet, du trente Juillet mil ſept cent dix-ſept, en ce qu'il a été ordonné que leſdites choſes ſaiſies ſur ledit Lefranc, lui ſeroient rendues, & que les dépens ont été compenſés, ordonne que pardevant les Conſeillers-Rapporteurs du préſent Arrêt, expérience ſera faite par les Jurés en Charge de la Communauté des Fondeurs, & par ceux de la Communauté des Doreurs; en préſence de Aubry & Levêque, Maîtres & Gardes des Orfévres de cette Ville; & de Ravoiſier & Dumont, Jurez Fourbiſſeurs en Charge: pour connoître comment les Ciſelûres en relief & en plat, ſe doivent faire. Si les ouvrages qui ſortent de la fonte, qui requierent la Ciſelure profonde & en relief, doivent être Ciſelés devant ou après la derniere limure & poliſſure, & ſi la Ciſelure en plat ſuperficielle, ſe fait devant ou après la derniere limure & poliſſure, & même ſi elle ſe peut faire après que l'Or ou l'Argent ont été appliqués ſans que la Ciſelure enleve la matiere d'Or ou d'Argent appliquée ſur le métal, à l'effet de quoi les Ouvrages de Ciſelure ſaiſie ſur ledit Lefranc, étant au Greffe du Châtelet, ſeront apportés en l'hôtel du Conſeiller-Rapporteur, à la diligence deſdits Jurés Fondeurs; à ce faire, le Greffier contraint même par corps, quoi faiſant déchargé, pour ladite expérience faite, &

l'avis desdits Jurés Orfévres & Fourbisseurs, rapporté, être ordonné ce que de raison. Condamne lesdits Morer, Gannat, & la Communauté des Jurés Doreurs, en un tiers des dépens des causes principales d'appel, & intervention, même des reservés chacun à leur égard : les deux autres tiers compensés, ceux d'entre ledit Lefranc, lesdits Jurés Doreurs & les Jurés Fondeurs, sur l'appel de ladite Sentence du trente Juillet 1717, & intervention des Doreurs, par Requête du dix-neuf Fevrier mil sept cens dix-huit reservés. SI TE MANDONS, mettre le présent Arrêt à exécution ; de ce faire TE DONNONS pouvoir. Donné à Paris en Parlement, le vingt-cinquiéme jour de Janvier, l'An de grace mil sept cens vingt, & de notre Regne le cinquiéme. *Collationné, Signé* BARON avec paraphe *& plus bas.* PAR LA CHAMBRE, *Signé* GILBERT avec paraphe. *&c. Signé* BLANDIN.

L'an mil sept cens vingt, le septiéme jour de May, à la Requête des Jurés en Charge de la Communauté des Maîtres Fondeurs à Paris, pour lesquels domicile est élû en la Maison de Me Nicolas-Antoine Blandin le jeune, Procureur en Parlement, sise rue Saint Bon, Paroisse Saint Merry, J'ay JEAN-BAPTISTE DUBIGNON-GRAVELLE, *Huissier en Parlement, demeurant rue Saint Honoré, Paroisse Saint Eustache ; soussigné, signifié & baillé Copie au sieur Nicolas Lefranc, Maître Doreur à Paris, en son domicile rue d'Argenteuil, Paroisse Saint Roch, en parlant à sa personne, de l'Arrêt de Nosseigneurs de Parlement, intervenu entre la Communauté des Maîtres Fondeurs & celle des Maîtres Doreurs, & ledit Nicolas Lefranc. & au-*

tres, en date du vingt-cinq Janvier dernier, portant entr'autres choſes, qu'il ſera fait expérience pardevant M. Mainguy, Conſeiller-Rapporteur, de la ciſelure & ouvrages mentionnés audit Arrêt, & qu'il ſera donné avis & fait rapport par les Gardes en Charge & Jurés Fourbiſſeurs, ſur ladite expérience & ouvrages, à ce que ledit ſieur Lefranc n'en prétende cauſe d'ignorance & ait à ſe trouver Mercredi prochain, huit du préſent mois, en l'Hôtel de mondit ſieur Mainguy, ſis rue d'Enfer, proche les Chartreux; pour être préſent à ladite expérience; avis & rapport d'Experts, même d'ouverture de la Caſſette où ſont les Ouvrages ſaiſis ſur ledit Nicolas Lefranc, ſinon & à faute de ce, proteſtent leſdits Jurés de la Communauté des Fondeurs, de procéder à ladite expérience en faiſant faire ouverture de ladite Caſſette & audit Rapport, tant en préſence qu'en abſence, en conſéquence de l'Ordonnance, de mondit ſieur Mainguy, ſignifiée ce jourd'hui à Me. Lambette, Procureur dudit Nicolas Lefranc, à ce qu'il n'en ignore, & lui ai laiſſé Copie tant dudit Arrêt que de la préſente.

Signé DUBIGNON-GRAVELLE.

COPIE.

Signifié audit LEFRANC, en ſon domicile, rue d'Argenteuil, Paroiſſe Saint Roch.

Déliberation faite en l'Assemblée générale de la Communauté des Maîtres & Marchands Doreurs, &c. Qui regle la maniere dont les deniers de ladite Communauté doivent être regis, tant par les deux Jurés Comptables, pendant la seconde année de leur Jurande pour ce qui regarde les droits de ladite Communauté, que par les deux Jurés nouveaux entrans, pendant la premiere année de leur Jurande, pour les deniers & revenus de la Confrérie de la même Communauté.

Du 10 *Novembre* 1738.

EN l'Assemblée Générale de la Communauté tenue au Bureau d'icelle, & convoquée en la maniere accoutumée, où étoient plusieurs Anciens, Modernes & Jeunes, en nombre suffisant & composant ladite Communauté, les sieurs Etienne Meslîn, Denis-Joseph Dubaux, Guillaume Paslevin, & Claude Gambier, tous quatre Jurés de présent en Charge de ladite Communauté, ont répresenté qu'il y a entre les mains des sieurs Philippes Boudin, & André-Louis Charrié Anciens Jurés derniers sortis de Charge, & entre les mains desdits sieurs Meslin & Dubaux Anciens des quatre Jurés à présent en Charge, une somme de six mille cent deux livres dix-huit sols six deniers de reliquat de leur compte de Jurande, de laquelle il conviendroit faire un emploi au profit de ladite Communauté à constitution de rente ou autrement, ainsi qu'il sera avisé par la Communauté ; lesdits sieurs Jurés en Charge ont aussi représenté, que la maniere dans les deniers & droits de ladite Communauté se sont perçûs jusqu'à présent apportent beaucoup d'embarras dans la reddition des Comptes des Jurés, qui jusqu'à présent ont perçûs tous les quatres ensemble les deniers & les droits appartenants à ladite Communauté, & qu'il seroit plus expédient, que les Jurés sortans de Charge payassent le reliquat de leur compte entre les mains des quatre Jurés en Charge qui mettroient à l'instant ledit reliquat de compte rendu dans un Coffre fort fermant à differentes clefs, qui resteroient dans le Bureau de ladite Communauté, jusqu'à ce qu'il se trouvât dans ledit Coffre deniers suffisans pour faire un emploi convenable ; que les deux Anciens Jurés en Charge recevroient seuls à l'avenir & toucheroient sur leur seules quittances les droits & revenus de ladite Communauté, pendant la seconde année de leur exercice, & que les nouveaux Jurés pendant leur année d'exercice toucheroient seuls sur leurs quittances les droits de Confrérie seulement, de ladite Communauté, dont seroit rendu compte à la fin de chaque année d'exercice, & les reliquats mis dans ledit Coffre fort, & lesdits sieurs Jurés en Charge ont prié lesdits sieurs Anciens Modernes & Jeunes de déliberer sur les représentations ci-dessus, & donner leurs avis pour le bien & l'avantage de ladite Communauté, offrant lesdits sieurs Boudin & Charrié, Meslin & Dubaux, à représenter & payer les deniers qu'ils ont actuellement entre les mains, en arrêtant par la Communauté & signant leurs comptes en la maniere ordinaire. Et aprés avoir par les Anciens Modernes & Jeunes Assemblés comme dessus murement déliberé sur le tout, & pris conseil, la Communanté a unanimement déliberé & arrêté & est d'avis, sous le bon plaisir de Monsieur le Lieutenant Général de Police, que les quatre Jurés en Charge se donneront les soins nécessaires pour trouver à employer valablement les deniers de ladite Communauté jusqu'à la concurrence d'une somme de six mille livres; que lorsqu'ils auront trouvé un emploi qu'ils estimeront convenable & seur, ils en feront un rapport à ladite Communauté, de l'avis de laquelle Communauté les quatre Jurés en Charge seront autorisez spécialement à placer ladite somme de six mille livres avec les suretez convenables, & à passer, signer & accepter tous actes que besoin sera; comme aussi en attendant que ledit emploi puisse se faire au profit de ladite Communauté, a été unanimement déliberé & arrêté, que suivant l'ancien usage de ladite Communauté, lesdits sieurs Boudin & Charrié remettront lors de l'arrêté de leur compte, qui sera fait incessamment après l'homologation de la présente Déliberation, les deniers dont ils sont reliquataires, entre les mains des sieurs Passevin & Gambier nouveaux Jurés en Charge, qui s'en chargeront conjointement, solidairement avec lesdits sieurs Meslin & Dubaux, pour tous quatre les déposer à l'instant dans un Coffre fort, qui sera à cet effet acheté aux dépens de la Communauté, qui fermera à trois clefs, dont l'une sera mise entre les mains du Doyen de ladite Communauté, une autre entre les mains de l'Ancien des quatre Jurés, & la troisiéme entre les mains d'un Ancien Moderne, lequel Coffre fort restera dans le Bureau de ladite Communauté; comme aussi la Communauté a déliberé & arrêté qu'à l'avenir, des quatre Jurés en Charge, il n'y en aura que les deux Anciens qui pendant leur seconde année d'exercice, recevront seuls & sur leurs seules quittances, tous les droits & revenus de ladite Communauté généralement quelconques, à l'exception des droits de Confrérie, lesquels droits de Confrérie seront touchez & perçus par les deux nouveaux Jurés entrans en Charge sur leurs simples quittances, dont du tout sera rendu compte à la fin de chaque année, & les reliquats, si aucuns y a, entre les mains des rendans compte, seront par eux payez comptant & mis à l'instant dans ledit Coffre fort, & lorsqu'il se trouvera dans ledit coffre fort deniers suffisans, en sera fait un emploi par lesdits sieurs Jurés au profit de ladite Communauté, par Déliberation d'icelle Et pour faire homologuer la présente Délibération, la Communauté assemblée comme dessus, a autorisé lesdits sieurs Jurés en Charge, & ceux qui leur succederont, de présenter au nom de ladite Communauté & lesdits sieurs Jurés, Requête à Monsieur le Lieutenant Général de Police, & donne par ces présentes plein & entier pouvoir à Me Pierre Formentin l'aîné Procureur au Châtelet de Paris & de ladite Communauté, de faire tout ce qui sera nécessaire pour obtenir l'homologation des présentes, & les frais qui sont & seront faits pour raison de ce, seront allouez en dépenses dans les comptes desdits sieurs Jurés sans difficulté. Fait & arrêté au Bureau de ladite Communauté assemblée comme dessus, lesdits jour & an que dessus, & ont signé. *Signé*, Messin, Dubaux, Passevin, Gambier,

Gannat, M. Harlau, Barbier, Touroude, P. Baron, Rabut, F. M. Harlau, J. B. Malvaux, Dubois, Ligois, le Beuf, P. Boudin, A. L. Charié, J. H. L. Rapinat, C. C. Moreau, Charpentier, Nicolas Boutet, Paul, N. Harlau, de Flandre, J. B. Gambier, Cheron, Rousseau, Piettre, Charié, Fauquet, Rousseau, Jacques Revel, Brugniot, Estienne Tricot, Cheron, J. de la Haye, Claude le Clerc, S. C. Cœur-de-Roy, Marneuf, Jouanet, le Maire, Perard, l'Amiral, le Lievre, Thierry, Mercier, Cantien du Vivier, J. Wallet, de Flandres, Louis Jean, Messant, Vincent Compoint, Maurer, Gobert, Pilon, Perichart, Grognet, Dubelay, Menessier, Cottelle, P. R. Zeude, Claude Maugé, le Mire, Charbonnier, Jean-Louis Couder, Hirault, Nicolas-Germain Ferret, Nicolas Collié, Morenviller, Vanier, P. Benoist, A. Dervillié, Duclon, Capelan, Paris, Lambert, Perot, Manglar, Duclon, Adry, Pontieu, Chrétien, Gillet, Roze l'Ecoufflet, J. B. R. Demellié, l'Enfant, Boudet, A. Cheron, P. de Lamarre, Nicolas de Lamarre, J. B. Mary, Hebert, Berrurier, N. le Beuf, C. Marthe, Famin, M. Durand, Bonfilliou, J. T. Bonsergent, Morel, Sennevez fils, Santier, Ricard, C. F. Hanique, Jacques Vallée, G. Vallée, L. Depensier, le Brun, Noël de la Faye, le Beuf & en marge est écrit, contrôlé à Paris le trois Décembre mil sept cent trente-huit.

Signé, BLONDELU.

Collationné par les Conseillers du Roi Notaires à Paris, soussignés, sur l'Original de ladite Délibération & autres, ensuite de plusieurs autres, conte-

nuës en un Registre couvert de parchemin, commencé le vingt-quatre Octobre mil sept cent trente, & servant à enregistrer les Comptes de ladite Communauté des Maîtres Ciseleurs, Doreurs & Argenteurs sur tous Métaux à Paris, & les Maîtres reçûs en icelle, & autres Déliberations concernant ladite Communauté, represénté & à l'instant rendu cejourd'hui trois Décembre mil sept cent trente-huit. Signé, GILLET & GUERIN, *avec paraphe.*

Sentence qui homologue la précedente Deliberation.

Du 18 *Décembre* 1738.

A TOUS ceux qui ces présentes Lettres verront, Gabriel Jerôme de Bullion, Chevalier Comte d'Esclimont, Seigneur de Wideville & autres lieux, Maréchal des Camps & Armées du Roi, son Conseiller en ses Conseils, Prevôt de Paris. Salut sçavoir faisons que; Vû par Nous René Hérault, Chevalier Seigneur de Fontaine l'Abbé, Vaucresson & autres lieux, Conseiller d'Etat, Lieutenant Général de Police de la Ville Prevôté & Vicomté de Paris, la Délibération de la Communauté des Maîtres Ciseleurs, Doreurs & Argenteurs sur tous Métaux de la Ville & Faubourgs de Paris, en date du dix Novembre dernier, la Requête à Nous présentée par ladite Communauté, & les Jurés de présent en Charge d'icelle, ladite délibération faite en l'assemblée générale de ladite Communauté, tenue au Bureau d'icelle & convoquée en la maniere accoutumée, ladite Délibération signée de plus de cent.

dix Maîtres, Anciens Modernes & Jeunes, controllée le trois du présent mois, de laquelle copie collationnée ledit jour trois de ce mois par Guerin & Gillet Notaires au Châtelet de Paris, & annexée à la Minute des présentes, tendant à ce qu'il nous plût homologuer ladite Délibération pour être exécutée, gardée & observée par tous les Maîtres présens & à venir de ladite Communauté, selon sa forme & teneur, & qu'à cette fin la Sentence qui interviendroit sur ladite Requête seroit transcrite dans le Registre des Délibérations de ladite Communauté, & icelle, & notre Sentence imprimée à la diligence des Jurés, pour être notifiée à tous les Maîtres présens & à venir de ladite Communauté, ladite Requête signée Formentin, au bas de laquelle est notre Ordonnance de soit montrée au Procureur du Roi, en date du cinq dudit présent mois, ses Conclusions étant ensuite, en date du quinze dudit présent mois. Tout vû & consideré : Nous, du consentement du Procureur du Roi. Disons que ladite Délibération est & demeure homologuée pour être exécutée selon sa forme & teneur; à l'effet de quoi permettons aux Supplians de faire transcrire sur les Registres de ladite Communauté, la présente Sentence, & de faire imprimer lesdites Délibération & Sentence, pour être affichée dans le Bureau de ladite Communauté, & en être distribué des Exemplaires à tous les Maîtres d'icelle; ce qui sera exécuté nonobstant & sans préjudice de l'appel. En témoin de ce nous avons fait sceller ces présentes, qui furent faites & données par Nous Juge susdit, le dix huit Décembre mil sepr cent trenre-huit, Collationné signé, CUYRET, avec paraphe, & scellé le vingt-quatre Décembte mil sept cent trente-huit. *Signé* SAUVAGE.

Délibération faite en l'Assemblée de la Communauté des Maîtres & Marchands Doreurs Argenteurs, &c. Pour faire un nouveau Reglement, pour les Compagnons & Apprentifs dudit métier.

Du 18 *Décembre* 1738.

LES Doyen, Anciens, Modernes, & jeunes Maîtres de la Communauté des Maîtres Ciseleurs, Doreurs & Argenturs, sur tous Métaux, à Paris assemblés au Bureau en la maniere accoutumée, les sieurs Jurés en Charge ont représenté; qu'ils avoient eu avis & reçû plusieurs plaintes des Maîtres, contre les Compagnons dudit métier qui s'assemblent journellement, & font des cabales entr'eux: & notamment le Dimanche, 14 du present mois, dans un Cabaret Cour du Palais, au sortir d'une prétendue Confrairie qu'ils ont établie en l'Eglise de Ste Geneviéve des Ardens de cette Ville, où ils étoient environ trente, & ont délibéré entr'eux de ne plus travailler chez les Maîtres dudit métier, qu'aux heures, prix & conditions dont ils sont convenus. Comme un pareil procédé est contraire aux Statuts & Reglemens de la Communauté, & au bien public, que d'ailleurs il y a des Compagnons dudit métier qui ne savent pas travailler de tous les différens ouvrages qui en dépendent, les uns ne faisant que dorer, les autres argenter, & les autres ciseler, ce qui fait qu'on leur donne différens prix suivant les ouvrages qu'ils sçavent faire, les uns gagnant plus & les autres moins, par conséquent il ne seroit pas juste que le plus foible gagnât autant que le plus fort; c'est pourquoi lesdits sieurs Jurés prient & requierent la Compagnie de délibérer & donner leur avis afin de faire un nouveau Reglement à ce sujet.

Sur quoi la Communauté assemblée comme dessus a d'une commune voix délibéré & arrété, qu'il sera incessamment présenté Requête à Monsieur le Lieutenant Général de Police au nom desdits sieurs Jurés & Communauté par le ministere de Me. Pierre Formentin l'aîné, Procureur au Châtelet de Paris, pour voir dire & ordonner, sous son bon plaisir 1°. Que les Statuts & Reglemens de la Communauté, seront exécutés selon leur fotme & teneur, en conséquence que défenses seront faites à l'avenir à tous Compagnons dudit métier de faire aucunes Assemblées tant générales que particulieres en quelqu'endroit que ce soit, à peine de cinquante livres d'amende au profit de l'Hôpital, & d'être d'échus du droit de pouvoir parvenir à la Maîtrise, même que leur pretendue Confrairie sera supprimée; comme aussi que pareilles défenses leur seront faites, sous les mêmes peines, de se retirer dans aucun lieu Privilegié, & que ceux qui travaillent en chamseront tenus de se retirer incessamment chez les Maîtres, & qu'il sera permis de les faire emprisonner en cas de contravention. 2°. Que lorsqu'un Compagnon travaillera chez un Maître, il ne pourra en sortir sans son consentement verbal ou par écrit, sinon en l'avertissant quinze jours auparavant pour ceux qui travailleront au mois, ou à la journée, à peine de dix livres d'amande au profit de la Confrairie de la ladite Communauté. 3°. Que les Maîtres ne pourront donner à travailler aufdits Compagnons qu'il ne leur foit apparu de leurs Brevets d'apprentifages, ni les recevoir à leurs fervices, fi ce n'eft du confentement des derniers Maîtres qu'ils auront fervis à qui ils feront tenus d'en demander la permiffion, fi ce n'eft que le Compagnon ne leur repréfentât ledit confentement par écrit, comme il eft dit ci-deffus, à peine contre les Maîtres de dix livres d'amande applicable au profit de la Confrairie de ladite Communauté; & pour faire homologuer la préfente Déliberation par tout où befoin fera, ladite Communauté affemblée comme deffus, donne pouvoir aufdits fieurs Jurés & à ceux qui leur fuccederont de faire tous les débourfés néceffaires à ce fujet, qui leur feront alloués en dépenfes, dans leur compte fans difficulté. Fait & arrêté audit Bureau lefdits jours & an que deffus; & ont figné, excepté les fieurs André, Lemaire, & Jean Charbonier, Ancien & Moderne, qui ont déclaré ne fçavoir écrire ni figner de ce interpellés, *Signe* Arnoul Heron, M. Harlau, Lecefne, Perichart, l'Ecouflet, F. M. Harlau, Harlau, Dubois, J. B Malvaux, Ligois, Ligois, P. Boudin, Jean Bary, S Canot, J. B. Autin, Lebas, Pierre C. Vanier, Lefranc, Durand, Roulle, Marguillier, C. M. Harlau, Duclon, N. Lebeuf, Adry, Royauton, Dubois, Pierre Benoift, Manglard, Meneffier, Lauriau, Nicolas Boutet. Charpentier, Fauquet, Meflin, Paffevin, Gambier, J. J. Maugé, P. Baron, L. Depenfier, Bourguin, Vigoureux,

Tricot, Perard, Wallet, Cotelle; Dubaux, Barbier, N. Autin, F. M. Dobo, Hardy, C. F. Hanique, Thierry, Lebeuf, Touroude, & Louis Jean avec paraphe. Et en marge est écrit, contrôlé à Paris le vingt-neuf Janvier 1739.

Signé BLONDELU.

Sentence qui homologue la Déliberation ci-dessus.

Du 10 *Mars* 1739.

A TOUS ceux qui ces présentes Lettres verront Gabriel-Jerôme de Bullion, Chevalier Comte d'Esclimont Seigneur de Wideville & autres lieux, Maréchal des Camps & Armées du Roi, son Conseiller en ses Conseils Prévôt de Paris, salut sçavoir faisons, que vû par nous René Herault, Chevalier Seigneur de Fontaine-l'Abbé Vaucresson & autres lieux, Conseiller d'Etat, Lieutenant Général de Police de la Ville Prevôté & Vicomté de Paris, la Déliberation de la Communauté des Maîtres Doreurs du dix-huit Décembre dernier, faite en l'assemblé tenue au Bureau d'icelle Communauté convoquée en la maniere ordinaire, ladite Déliberation signée de plus de soixante Maîtres Anciens, Modernes & Jeunes, contrôlée le vingt-neuf Janvier dernier, & d'une Copie Collationnée ledit jour par Champia & Gillet Notaires au Châtelet de Paris, & annexée à la minutte des présentes, ladite déliberation faite à l'occasion des fréquentes assemblées, & de la prétendue Confrerie des Compagnons du métier de Doreur, la Requête à nous présentée par ladite Communauté, & les Jurés de présent en charge d'icelle, à ce qu'attendu ce que dessus, il nous plût homologuer ladite Délibération pour être éxécutée, gardée & observée par tous les Maitres & Compagnons présens & à venir de ladite Communauté, selon sa forme & teneur, sous les peines y portées, & telles autres qu'il appartiendra, & qu'à cette fin la Sentence qui interviendra sur ladite Requête sera transcrite dans le Registre des Délibérations de ladite Communauté, & icelle & notre Sentence imprimées à la diligence des Jurés pour être notifiées à tous les Maîtres présens & à venir de ladite Communauté, être affichées dans le Bureau d'icelle, & en être distribué des exemplaires à tous les Maîtres, ladite Requête, signé Formentin; au bas de laquelle est notre Ordonnance de soit montrée au Procureur du Roi en date du quatre Février mil sept cent trente-neuf, ses conclusions étant ensuite du cinq Mars présent mois, & le tout vû & considéré: Nous du consentement du Roi, disons que ladite Délibération est & demeurera homologuée pour être éxécutée selon sa forme & teneur, ordonnons que ladite Délibération & notre présente Sentence seront à la diligence des Jurés de présent n charge, imprimées, lûes, publiées, & affichées dans le Bureau de ladite Communauté, & partout où besoin sera, transcrite sur le Registre d'icelle, & qu'il en sera délivré un exemplaire à chacun des Maîtres & Veuves de ladite Communauté, à ce qu'ils n'en prétendent cause d'ignorance, & ayent à s'y conformer, sous les peines y portées: Ce qui sera éxécuté nonobstant & sans préjudice de l'appel: en témoin

de

de ce Nous avons fait ſceller ces préſentes, qui furent faites & données par nous Juge ſuſdit, le dix Mars mil ſept cent trente-neuf, collationné, *Signé* TARDIVEAU, avec paraphe, & ſcellé le ſeize Mars 1739. *Signé* SAUVAGE.

Deliberation faite en l'Aſſemblée de la Communauté des Maîtres Doreurs, Argenteurs, &c. concernant le dépôt des Papiers dans le coffre de ladite Communauté.

Du 28 Novembre 1739.

LES Doyen, Anciens, Modernes & Jeunes Maîtres aſſemblés au Bureau en la maniere accoutumée, à la diligence des Sieurs Jurés en Charge, qui ont repréſenté à la Compagnie un Mémoire préſenté par les Sieurs Mathurin Harlau, Claude Thibault, Philippes Rouſſeau, Guillaume Boulanger, Jacques Ligois & Pierre Lebœuf, tous Anciens Jurés de ladite Communauté, & oppoſans à la reddition des Comptes des ſieurs Etienne Meſlin & Denis-Joſeph Dubaux, derniers ſortans de Charges, par lequel ils demandent qu'en donnant main-levée de ladite oppoſition, les ſieurs Jurés qui préſenteront leurs Comptes à l'avenir à ladite Communauté, ſeront tenus de rendre compte à la Communauté aſſemblée en la maniere ordinaire de l'état où ſe trouveront les affaires qui ſe trouveront chez les Procureurs & Avocats de ladite Communauté, tant au Châtelet qu'en Parlement, à peine de tous dépens, dommages & intérêts, & de rapporter, lors de la reddition desdits Comptes, les deniers & Pieces de celles qui se trouveront finies, avec les quittances des frais qu'ils auront payés.

Sur quoi la Communauté assemblée, comme dessus, a arrêté d'une commune voix, que l'exposé ci-dessus est juste, & qu'à l'avenir les Jurés en Charges seront tenus de s'y conformer; au moyen de quoi lesdits sieurs Mathurin Harlau, Claude Thibault, Philippes Rousseau, Guillaume Boulanger, Jacques Ligois & Pierre Lebœuf, tous opposans ausdits Comptes par Exploit du douze du présent mois de Novembre, donnent pleine & entiere main-levée desdites oppositions, en consentent la nullité comme non faites ni avenues; en conséquence de quoi lesdits sieurs Jurés & Communauté assemblés comme dessus, se désistent réciproquement des Assignations par eux données ausdits sieurs susnommez, & de l'instance pendante au Châtelet devant M. le Lieutenant Général de Police, pour avoir main-levée desdites oppositions, sauf ausdits sieurs Jurés & Communauté à se pourvoir par les voyes & ainsi qu'ils aviseront bon être pour le rapport & représentation des Pieces & Procedures faites contre les Sieurs Thiery & Rousseau dans l'instance contre eux pendante ci devant au Châtelet, & à présent au Parlement; & pour faire homologuer la présente Déliberation; ladite Communauté assemblée comme dessus, donne pouvoir ausdits sieurs Jurés de le faire incessamment par tout où besoin sera, & les frais qui seront faits pour raison de ce, ensemble ceux faits par lesdits sieurs Mathurin Harlau & Consorts, & lesdits sieurs Jurés & Communauté, mentionnés dans l'instance ci-dessus énoncée, seront passés & alloués en dépense dans les Comptes des sieurs Guillaume Passevin & Claude Gambier, Jurés de présent en Charge sur les quittances & piéces qu'ils en rapporteront : Fait & arrêté audit Bureau les jours & an que dessus, & ont signé, excepté le sieur André Lemaire, Ancien, qui a délaré ne sçavoir écrire ni signer, de ce interpellé : *Signé* Arnoul, Heron, N Autin, J. J. Maugé, le Cesne, Touroude, P. Baron, P. Richart, Barbier, P. Malevaux, Thibault, P. Rousseau, Messant, Rabut, G. Boulanger, D. Lenfant, F. M. Harlau, Ligois, A L. Charrié, Meslin, Dubaux, J. François Gambier, Menessier, Lauriau, Louis Jean, Lebœuf, M. Harlau, Ligois, Le bœuf, Passevin, Gambier, Morel & Pilon, avec paraphes. Contrôlé. *Signé* Blondelu.

Sentence qui homologue la Délibération ci-devant.

Du 15 *Mars* 1740.

A Tous ceux qui ces présentes Lettres verront ; Gabriel-Jerôme de Bullion, Chevalier Comte d'Esclimont, Prevôt de Paris : Salut, sçavoir faisons, que vû par Nous Claude-Henry Feydeau de Marville, Chevalier, Conseiller du Roi en ses Conseils, Maître des Requêtes ordinaire de son Hôtel, Lieutenant Général de Police de la Ville, Prevôté & Vicomté de Paris, la Délibération de la Communauté des Maîtres Ciseleurs, Doreurs, Argenteurs, Damasquineurs & Enjoliveurs sur tous Métaux, de la Ville & Faubourgs de Paris, du 8 Novembre dernier 1739. dûement contrôlée, par laquelle il a été arrêté qu'à l'avenir les Jurés sortans de Charges seront tenus de rendre compte à la Communauté assemblée de l'état où se trouveront les affaires de ladite Communauté, soit au Châtelet, soit au Parlement, & de rapporter lors de la reddition de leurs comptes, les Dossiers & Piéces des affaires finies, avec les quittances des frais qu'ils auront payés aux Procureurs ou autres; Requête signée Formentin Procureur, à Nous présentée par les Jurés en Charges de ladite Communauté, tendant à fin d'homologation de ladite Déliberation, pour être exécutée selon sa forme & teneur, Notre Ordonnance étant au bas de ladite Requête, en date du cinq du présent mois, portant soit communiqué au Procureur du Roi, & ses conclusions, & autres ensuite du neuf, & tout consideré : Nous, oui sur ce le Procureur du Roi, avons la Déliberation dudit jour 28 Novembre 1739. homologuée pour être exécutée selon sa forme & teneur : Fait ce 15 Mars 1740. En témoin de ce Nous avons fait sceller ces Présentes faites & données par Nous Juge susdit, les jour & an que dessus.

Signé CUYRET. Collationné, *Signé* SAUVAGE.

Déliberation faite en l'Assemblée de la Communauté des Maîtres & Marchands Doreurs, &c. homologuée au Châtelet, par laquelle tous les Maîtres de ladite Communauté, Anciens, Modernes & Jeunes, seront tenus de se trouver aux Assemblées qui se feront pour les affaires de ladite Communauté, lorsqu'ils y auront été mandés par billets, à peine de quatre livres d'amande contre les absens.

Du 16 *Février* 1740.

LEs Anciens, Modernes & Jeunes Maîtres de la Communauté convoqués au Bureau, suivant le Mandat, en la maniere accoutumée, les Jurés en charge ont représenté à l'assemblée que les Anciens, Modernes & Jeunes Maîtres ne se trouvent pas exactement aux Assemblées qui se tiennent au Bureau, lorsqu'ils y sont mandez, n'y en ayant pas un assez grand nombre pour déliberer sur le sujet de la présente Assemblée: Sur quoi après avoir attendu jusqu'à six heures sonnées, lesd. sieurs Jurés ont requis les anciens, Modernes & Jeunes qui se sont trouvés présens audit Bureau, de leur donner acte de leur comparution & des motifs de l'Assemblée; & attendu que le cas requiert célérité, qu'il soit permis ausdits sieurs Jurés de présenter Requête à M. le Lieutenant Général de Police pour être autorisez à faire sommer les Anciens, Modernes & Jeunes qui seront refusans, de ſe trouver à l'avenir auſdites Aſſemblées, à moins qu'ils ne ſoient malades ou abſens, à peine d'amende telle qu'il plaira à mondit Sieur le Lieutenant Général de Police arbitrer au profit de la Confrérie de la Communauté, ce qui a été unanimement aggréé & conſenti, & les frais qui seront faits, ſeront alloués en dépenſe dans le compte deſdits ſieurs Jurés ſans difficulté. Fait & arrêté audit Bureau, leſdits jour & an que deſſus, & ont ſigné, Lecesne, Touroude, Barbier, Perichard, Rabut, Malevaux, Dubois, F. M. Harlau, Ligois, Ligois, P. Boudin, Meſlin, Belay, Cheron, Charier, C. C. Moreau, Nicolas Boutet, Cotel, Thibault, Paſſevin, Gambier, Morel & Pilon, avec paraphes.

Contrôlé, *Signé* BLONDELU.

Sentence qui homologue la Déliberation ci-devant, & en ordonne l'exécution.

Du 4 *Mars* 1740.

A TOUS ceux qui ces préſentes Lettres verront, Gabriel-Jerôme de Bullion, Chevalier Comte d'Eſclimont, Seigneur de Wideville, Creſpierres, Mareil, Montainville & autres lieux, Marêchal des Camps & Armées du Roi, ſon Conſeiller en ſes Conſeils, Prevôt de la Ville, Prevôté & Vicomté de Paris : Salut, ſçavoir faiſons, que Vû par Nous Claude-Henry Feydeau de Marville, Chevalier, Conſeiller du Roi en ſes Conſeils, Maître des Requêtes ordinaire de ſon Hôtel, Lieutenant Général de Police au

Châtelet de Paris, la Déliberation des Maîtres Ciseleurs, Doreurs, Argenteurs, Damasquineurs sur tous métaux, du seize Février 1740. contrôlée le 19 du même mois par Blondesu; la Requête des Jurés de présent en Charges de la Communauté desdits Maîtres Doreurs, tendante à ce qu'il Nous plût, vû ladite Déliberation, l'homologuer, en conséquence ordonner qu'à l'avenir tant les Anciens que Modernes & & Jeunes Maîtres de ladite Communauté, qui seront mandés par les Jurés en Charges, seront tenus de se trouver à toutes les assemblées qui seront indiquées par lesdits Jurés, qui se tiennent au Bureau de ladite Communauté, aux heures précises qui seront indiquées, suivant les mandats imprimés qui seront portés à chaque Maître, ainsi qu'il se pratique, par le Clerc de ladite Communauté, lesdits mandats signez desdits Jurés; & que les Anciens, Modernes & Jeunes mandés, qui manqueront d'assister ausdites Assemblées aux jours & heures indiquées audit Bureau, seront contraints au payement de l'amende qu'il Nous plaira arbitrer, applicable au profit de la Confrérie de ladite Communauté, sauf en cas de refus par aucun Maître d'obéir à Notre présente Sentence, d'être prononcée contre les refusans plus grosse amende s'il y écheoit; ladite Requête signée Formentin Procureur, Notre Ordonnance de soit montré du 24 Février dernier, & les conclusions du Procureur du Roi du deux de présent mois, & tout consideré, Nous, oui sur ce le Procureur du Roi, avons la Délibération du 16 Février dernier homologuée, pour être exécutée selon sa forme & teneur, & en consequence Ordonnons qu'à l'avenir tous les Anciens, Modernes & Jeunes Maîtres de ladite Communauté, qui seront mandés & convoqués par des mandats signés des Jurés en Charge, qui leur seront envoyés vingt-quatre heures avant les jours indiqués pour lesdites Assemblées, par le Clerc de ladite Communauté, en la maniere accoutumée, seront tenus de se trouver aux heures précises marquées par lesdits mandats, aux Assemblées qui se feront au Bureau de la Communauté, pour y déliberer des affaires d'icelle, à peine contre chacun des Maîtres contrevenans de quatre livres d'amende applicable au profit de la Confrérie de ladite Communauté, au payement de laquelle ils seront contraints en vertu de Notre présente Sentence, & en cas de maladie, absence, ou autres legitimes empêchemens d'aucuns d'eux, ils seront tenus d'en avertir ou faire avertir les Jurés par écrit le jour desdites Assemblées, & sera Notre présente Sentence exécutée nonobstant & sans préjudice de l'Appel; en temoin de quoi Nous avons fait sceller ces Présentes. Ce fut fait & donné par Nous Juge susdit, le 4 Mars 1740. Collationné, *Signé* CUYRET.

Les présens Statuts & Réglemens ont été imprimés en l'année mil sept cent quarante, par les soins de Messieurs PASSEVIN, GAMBIER, MOREL, *&* PILON, *Jurés en Charge.*

Sentence de Police, du 12 Août 1740.

A Tous ceux qui ces présentes Lettres verront, Gabriel-Jerôme de Bullion, Chevalier Comte d'Esclimont, Prevôt de Paris; Salut. Sçavoir faisons, que sur la Requête faite en Jugement devant Nous, à l'Audience de la Chambre de Police du Châtelet de Paris, par Me Formentin l'aîné, Procureur des Jurés en Charge de la Commnnauté des Maîtres Ciseleurs, Doreurs & Argenteurs sur tous métaux, de la Ville & Faubourgs de Paris, Demandeurs suivant le Procès-Verbal de Me. Sautel, Commissaire, du trente Décembre mil sept cent trente-neuf, suivant le Procès verbal de saisie & assignation faites par Mariotte, Huissier à Cheval, le même jour, controllé à Paris aussi le même jour par Dubois, & présentée au Greffe afin de validité de la saisie, faite à leur requête sur le sieur Beauregard, ci-après nommé, de soixante-quatre douzaine de gros boutons de cuivre doré d'or moulu, montés sur bois, façonnés à Rosette; & de quatre-vingt-dix douzaines & huit boutons de petits boutons, pareils aux gros ci-dessus: de soixante-six garnitures de quatre douzaine chacune de gros boutons d'Etaim argenté, montés sur bois; & de soixante-six garnitures à trois douzaines & demie chacune de petits boutons; pareille confiscation desdites Marchandises, défenses d'y récidiver, dommages, intérêts, amende & dépens, Défendeurs à la Demande en reclamation des sieurs Malice & Hadere, ci-après nommés, & à notre Ordonnance contradictoire, du quatorze Janvier dernier, par laquelle nous avons ordonné par provision, que lesdits boutons seroient rendus aux sieurs Malice & Hadere, à leur caution juratoire, pour les représenter & en rapporter le prix s'il étoit ainsi par Nous ordonné, à l'exception d'une demie douzaine de boutons de chacune espece, qui seroient déposées au Greffe de la Chambre, & au principal avons renvoyé les Parties à l'Audience, Demandeurs aux fins de la Requête-verbale signifiée le 1. Février dernier, à ce qu'en procédant sur lesdites saisies & assignation, en exécution de notredite Ordonnance, les Statuts & Reglemens de la Communauté des Maîtres Doreurs, seroient exécutés, en conséquence que ladite saisie soit déclarée bonne & valable, & que sans avoir égard à la reclamation des sieurs Malice & Hadere, dont ils seront déboutés; les boutons saisis soient & demeurent acquis & confisqués au profit desdits Jurés, à la représentation d'iceux; les sieurs Malice & Hadere, & Me. Mesnard, Greffier, dépositaire d'iceux mis aux Greffe, contraint par corps, quoi faisant déchargé, & faute par lesdits Malice & Hadere, de représenter ceux qui leur ont été remis, qu'ils soient condamnés & par corps à payer ausdits Jurés, la somme de mille livres pour leur valeur, avec les intérêts; que défenses soient faites audit Beauregard & à tous autres Maîtres Fondeurs, de récidiver, & pour la contravention par lui commise, qu'il soit condamné en mille livres de dommages & intérêts, trois cens livres d'amende & aux dépens; & notre présente Sentence imprimée, lûe, publiée & affichée par tout où besoin sera, Défendeur à la Demande incidente du Sr. Beauregard, portée par ſes défenſes, ſignifiée le ſept du préſent mois, afin de nullité de ladite ſaiſie, dommages, intérêts & dépens contre Me. Perrot, Procureur de Jean Beauregard, Maître Fondeur à Paris Partie ſaiſie, Défendeur à la ſaiſie & aſſignation du trente Décembre dernier, & à la Requête-verbale du premier Février dernier, & incidamment Demandeur ſuivant ſes défenſes du ſept Mars ſuivant, & encore ledit Perrot, Procureur du ſieur Etienne Malice, Marchand Mercier à Paris, & du ſieur Frédicq & Hadere, Officiers du Regiment Royal Italien, Demandeurs en reclamation deſdits boutons ſaiſis, Défendeur à la Requête verbale du premier Février dernier, Parties ouies lecture faites des Piéces. NOUS, après qu'il en a été délibéré ſur les Piéces & doſſiers des Parties, ordonnons que les Statuts, Arrêts & Reglemens concernans les Communautés des Doreurs & les Fondeurs, ſeront éxécutés ſelon leur forme & teneur; déclarons la ſaiſie faite par les Parties de Formentin l. ſur celle de Perrot, le trente Décembre dernier, bonne &. valable, les Marchandiſes ſaiſies étant au Greffe, demeureront confiſquées au profit des Parties de Formentin l. & à l'égard des autres Marchandiſes remiſes aux ſieurs Hadere & Malice, en vertu de notre Ordonnance contradictoire, du quatorze Janvier dernier, par grace, ſans tirer à conſéquence & pour cette fois ſeulement, elles leur reſteront; ſur le ſurplus des Demandes, mettons les Parties hors de Cour & de Procès; condamnons ladite Partie de Perrot en dix livres d'amende, trente livres de dommages & intérêts & aux dépens, & ſera notre préſente Sentence lûe, publiée & affichée aux dépens de ladite Partie de Perrot, ce qui ſera exécuté nonobſtant & ſans préjudice de l'Appel. En témoin de ce, Nous avons fait ſceller ces préſentes faites & données par Meſſire Claude-Henry Feydeau de Marville, Chevalier-Conſeiller du Roi en ſes Conſeils, Maîtres des Requêtes ordinaire de ſon Hôtel, Lieutenant Genéral de Police, de la Ville de Paris, y tenant le Siege, le Vendredi douze Août mil ſept cens quarante. Collationné, ſigné Debeauvais, & plus bas, ſcellé le vingt-deux Décembre mil ſept cens quarante-ſix. Reçû 30 ſ. ſigné SAUVAGE, & à côté, Contrôlé, reçû 30 ſ. le vingt-deux Décembre mil ſept cens quarante-ſix. ſigné HERON, avec paraphe.

DÉLIBERATION,

Contenant pluſieurs nouveaux Reglemens pour la Communauté des Maîtres Doreurs ſur tous Metaux.

Du 17 Janvier 1741.

EN l'Aſſemblée Générale de la Communauté, tenue au Bureau d'icelle & convoquée en la maniere ordinaire où étoient pluſieurs Anciens, Modernes & Jeunes, en nombre ſuffiſant & compoſant ladite Communauté, les Jurés en charges aſſiſtés de Me Pierre Formentin l'aîné, Procureur au Châtelet de Paris & de ladite Communauté, ont repréſenté, que par l'Article deux des Statuts de ladite Communauté verifiés en Parlement, il eſt dit que nul ne ſera reçû à la Maîtriſe s'il n'a été apprentifs ſous les Maîtres le tems & eſpace de cinq ans, entiers, ou bien s'il n'a servi les Maîtres ledit tems & espace de cinq ans, qu'en conséquence de ce Statut, la Commumauté a toujours admis indistinctement à la Maîtrise ceux qui avoient été apprentifs pendant cinq ans entiers, & ceux qui sans avoir été apprentifs avoient servi & travaillé chez les Maîtres pendant ledit tems de cinq ans; que par quatre Déliberations de ladite Communauté, assemblée en la maniere ordinaire, lesdites déliberations en date des 25 Mai, 22 Octobre 25 Novembre mil sept cent trente-neuf, & 4 Février mil sept cent quarante, contrôlées; François Cerisay, Jean-Baptiste Va, Jacques Cloquemain & Jean Lubin Daniere, qui n'ont jamais été apprentifs, mais qui ont servi & travaillé sous différens Maîtres le tems de cinq ans, requis par ledit Statut, ont été admis à la Maîtrise & ont été reçûs Maîtres à la maniere ordinaire. Depuis les receptions de ces quatres Maîtres, Pierre Carpentier, les nommés Lafosse, Gerard, Legrand, le Clerc, Deflandres, l'Ecuyer, Hardy, Vigoureux & autres Maîtres de ladite Communauté, ont fait assigner pardevant M. le Lieutenant Général de Police, les sieurs Meslin & Dubaux, Passevin & Gambier, Pilon & Morel, Anciens Jurés pendant la Jurande, desquels lesdits Cerisay & Va, Cloquemain & Daniere ont été reçûs Maîtres à l'effet d'être destitués de leur qualité de Jurés, pour avoir reçû lesdits quatre Maîtres; ils ont aussi fait assigner lesdits quatre Maîtres pour voir déclarer leurs receptions nulles; le tout sur le fondement d'un Arrêt du Parlement, du trois Juillet 1683. qui a été inconnu dans ladite Communauté & aux precédens Jurés; que par ledit Arrêt rendu à l'occasion d'un nommé Gaucherel, qui avoit été reçû Maître sans avoir été apprentif, la Sentence de Police qui avoit confirmé la reception dudit Gaucherel a été infirmée, que ledit Arrêt en infirmant ladite Sentence, a ordonné l'exécution des Statuts de ladite Communauté, fait défenses aux Jurés de souffrir qu'aucuns soient reçûs Maîtres qu'ils n'ayent fait leur apprentissage; servi chez les Maîtres, & ensuite fait Chef-d'œuvre, & ordonne néanmoins que ledit Gaucherel demeureroit reçû Maître, de grace & sans tirer à conséquence; que depuis ces Arrêts inconnus à ladite Communauté & aux précedans Jurés, il a été reçû plusieurs Maîtres qui n'ont point été apprentifs, mais qui ont seulement servi & travaillé chez les Maîtres pendant le tems de cinq ans, & notamment les nommés Morer, Etienne Daoust, Chastelet, Brunot, Parisot, Ponthieu, Esselin, Niquet, Paris, Duplessis, Lambert, Bary, Corbie, Grognes, Lallemant, Tricot, Cazaubon, Sergent, Sellier, Edme Daoust, Dedienne, Jullienne, Mary, Gaillard, Oudin, Bruginot, Sebille, Parmentier, Royer, Hizay, Duparc, Fauques, Bunelle, lesdits Cerisay, Va, Cloquemain & Daniere & plusieurs autres. Que par Sentence de M. le Lieutenant Général de Police, du 18 Novembre dernier, les receptions desdits Ceriset, Va, Cloquemain & Daniere ont été déclarées nulles, & les Jurés ont été condamnés à rendre à ces quatre Maîtres les sommes payées pour leurs receptions avec interêts & dépens, contre laquelle Sentence lesdits Cerisét, Va, Cloquemain & Daniere ont obtenu un Arrêt de défenses; que les précédens Jurés ausquels ledit Arrêt du 3 Juillet 1683. a été inconnu, n'ont point été en faute, d'autant que lesdits quatre derniers Maîtres n'ont point été admis & reçûs par les Jurés seuls, mais bien par ladite Communauté assemblée, suivant qu'il est justifié par les quatre délibérations ci-dessus datées; Qu'il ne seroit pas juste de renvoyer ces quatre derniers Maîtres & de laisser subsister tous les autres ci-dessus dénommés qui ont été pareillement reçus Maîtres sans avoir été apprentifs. Lesdits Jurés en Charge ont appris que quelques Jeunes Maîtres étoient dans le dessein d'intervenir dans l'instance pendante au Parlement, sur l'appel desdits quatre derniers Maîtres, & de demander la nullité des réceptions des autres Maîtres ci-dessus dénommés, & de tous autres Maîtres qui n'ont point été apprentifs, ensorte qu'une pareille prétention ruineroit beaucoup de Familles, en renvoyant plus de trente Maître reçûs & leur ôtant leur état & leur qualité, qui forment leur principal bien, leur donnent le moyen de subsister & de faire vivre leur famille; lesdits Jurés en Charge ont aussi observé que s'il falloit renvoyer tous les Maîtres ainsi reçus au nombre de plus de trente, cela occasionneroit des Procès à l'infini contre tous les Anciens Jurés pendant la Jurande desquels tous lesdits Maîtres ont été reçus, & que le peu de deniers qu'il y a actuellement dans le coffre de ladite Communauté, ne seroit pas suffisant pour rendre à tous les Maîtres qui seroient renvoyés ce qu'ils ont payé chacun pour les droits de la Communauté; & dans la vue de prévenir les Procès immenses que la Communauté auroit à soutenir, ainsi que les précédens Jurés avec tous les autres reçus sans avoir été apprentifs, lesdits Jurés en Charge ont fait assembler à ce jour ladite Communauté, & ont prié au nom de ladite Communauté, & pour le bien d'icelle, lesdits Carpentier, Lafosse & autres Maîtres, qui ont demandé & pouvoient demander la nullité des réceptions desdits Ceriset, Va, Cloquemain & Daniere, & de tous autres Maîtres qui n'ont jamais été apprentifs de se désister de leurs prétentions, & de consentir que les quatre derniers Maîtres & tous les autres Maîtres demeurent reçus Maîtres nonobstant ladite Sentence du dix-huit Novembre dernier, en établissant néanmoins dans ladite Communauté une nouvelle régle inviolable qui réformera l'article deux des Statuts de ladite Communauté qui a donné lieu à toutes les réceptions de tous les Maîtres qui ont été reçus jusqu'à présent sans avoir été reçûs apprentifs; Et après avoir par ladite Communauté assemblée, mûrement réflechi sur tout ce que dessus, déliberé, & pris conseil, ladite Communauté a unanimement déliberé & arrêté, & est d'avis, sous le bon plaisir de M. le Lieutenant Général de Police, en réformant ledit article deux des Statuts de ladite Communauté, des articles cy-après.

ARTICLE PREMIER.

Que doresnavant nul ne sera reçu Maître s'il n'a été obligé apprentif par un Brevet passé pardevant Notaires sous les Maîtres de ladite Communauté pendant le tems de cinq ans entiers, & si après ledit tems de cinq ans, l'apprentif n'a encore servi chez les Maîtres de ladite Communauté pendant cinq autres années entieres en qualité de compagnon.

II.

Que pour remedier à tous abus qui pourroient survenir il sera tenu doresnavant par les

Jurés

Jurés en charge de ladite Communauté un Regiſtre particulier qui reſtera dans le Bureau de ladite Communauté, dans lequel Regiſtre leſdits Jurés enregiſtreront jour par jour, ſans y laiſſer aucun blanc, tous les Brevets d'apprentiſſages qui ſeront paſſés devant Notaires, même tous les tranſports de Brevets d'apprentiſſages qui ſeront auſſi paſſés devant Notaires, à l'effet de conſtater non-ſeulement les dates deſdits Brevets & deſdits tranſports, mais encore les noms & ſur-noms des apprentifs & les noms & ſur noms des Maîtres qui auront obligés leſdits apprentifs.

III.

Qu'avant par le Jurés d'admettre à la Maîtriſe & au Chef-d'œuvre, l'Aſpirant qui aura été apprentif pendant cinq ans entiers, & qui aura en outre ſervi & travaillé chez les Maîtres pendant cinq autres années entieres en qualité de compagnon, ledit aſpirant ſera tenu de repréſenter au Bureau aſſemblé non ſeulement ſon Brevet d'apprentiſſage, & l'acte du Maître ſous lequel il aura été apprentif pendant le tems de cinq ans, mais encore les certificats des Maîtres chez leſquels ledit aſpirant aura ſervi & travaillé pendant cinq autres années entières en qualité de compagnon, leſquels actes & certificats ſeront auſſi paſſés pardevant Notaires avec minute, deſquels Brevets actes & certificats mention ſera faite dans les déliberations qui ſeront faites en ladite Communauté pour la reception de chaque aſpirant.

IV.

Aucun Maître de ladite Communauté ne pourra obliger un apprentif, ni accepter un tranſport de Brevet d'apprentiſſage, s'il n'eſt en état de nourrir dans ſa maiſon l'apprentif, & de lui montrer & enſeigner par lui-même le métier de Doreur, & s'il ne travaille pour lui-même, ſoit dans ſa boutique, ſoit dans ſa chambre, enſorte que les Maîtres qui ſeront reduits à travailler chez d'autres Maîtres ne pourront en aucun cas & ſous quelque pretexte que ce ſoit, tenir ni avoir ſous leur noms aucuns apprentifs.

V.

Ne ſera fait aucun tranſport d'apprentif que pour cauſes legitimes, ſoit faute d'alimens & ouvrage, ſoit par rapport à des mauvais traitemens de la part des Maîtres envers les apprentifs, & ſi ledit tranſport n'a été ordonné par Sentence de Police, & après que le tranſport aura été ordonné, les Jurés ſeront tenus d'aſſembler au Bureau de la Communauté les anciens modernes & jeunes Maîtres en nombre ſuffiſant, & l'apprentif ſera préſenté par les Jurés audit Bureau aſſemblé & ledit tranſport ne ſera fait qu'à des Maîtres qui n'auront point d'apprentif, ou qui n'auront point accepté de tranſport d'apprentif actuellement travaillant chez eux.

VI.

Doreſnavant le Rolle de la Capitation de ladite Communauté ſera arrêté au Bureau d'icelle par les Jurés en charge, en préſence au moins de huit Anciens, ſix Modernes & ſix Jeunes Maîtres, qui ſeront mandés ſuivant l'ordre du Tableau, pour donner leur avis.

VII.

Les comptes de Jurande & de Confrairie ſeront doreſnavant rendus en préſence des Anciens, quinze Modernes & quinze Jeunes Maîtres de ladite Communauté qui ſeront mandés ſuivant l'ordre du Tableau.

Tout ce que dessus sera exactement & ponctuellement observé, gardé & exécuté, à peine de nullité des receptions des Maîtres qui auroient été reçus à l'avenir sans avoir fait cinq années entieres d'apprentissage & servi les Maîtres pendant cinq autres annees entieres, & encore à peine contre les Jurés qui auroient reçu des Maîtres qui n'auroient pas la qualité susdite de destitution de la Jurande, & deux cens livres de dommages & interêts contre chaque Juré, applicable au profit des pauvres Maîtres de ladite Communauté, & sans que la peine ci-dessus puisse être reputée comminatoire, ni les dommages & interêts moderés, sous quelque prétexte que ce soit; en conséquence de ce que dessus lesdits sieurs Carpentier, Lafosse, Gerard, Legrand, Leclerc, Deflandres, Lecuyer, Hardy, Vigoureux & autres Maîtres qui ont obtenu ladite Sentence du dix huit Novembre dernier, pour ce comparans, étant au Bureau de ladite Communauté assemblée, pour maintenir la paix & l'union entre eux & tous leurs Confreres, ont déclaré ainsi que tous les autres Maîtres de ladite Communauté présens, qu'ils se sont desistés & se désistent par ces présentes, purement & simplement de toutes leurs prétentions, pour raison des réceptions desdits Cerizet, Va, Cloquemain & Daniere, & de tous autres Maîtres, & consentent que lesdits quatre Maîtres & autres demeurent reçus Maîtres nonobstant & sans avoir égard à ladite Sentence par eux obtenue ledit jour dix-huit Novembre dernier, & qu'elle demeure sans effet, & afin que les arrêtés ci-dessus demeurent Statuts & soient exactement observés & gardés en ladite Communauté, ladite Communauté assembée comme dessus a autorisé dès à préſent les Jurés en charge de préſenter au nom de ladite Communauté & deſdites Requêtes, M. le Lieutenant Général de Police, & d'obtenir Sentence d homologation deſdits arrêtés & de tout le contenu en la préſente déliberation, & de faire imprimer cette préſente déliberation, & la Sentence qui l'homologuera pour en être diſtribué à chaque Maître les exemplaires néceſſaires, & ont ſigné, ainſi ſigné, Paſſevin, Gambier, J. Wallet, Morel Pilon, Brugniot, Sentier, Cериſet, Va, Lamiral, Jacquin, P. Carpentier, Pierre Lafoſſe, Thibault, P. Malvaux, Vigoureux, Marguiller, L'écuyer, Leclerc, Leceſne, G Boullangé, N. J Deflandres, Deflandres, Hardy, Gerard, M. Harteau, Daouſt, F. M. Harlau, Lebeuf, N. Leclerc, A. L Charié, Meſlin, Dubaux, Ligois, Touroude, Pilon, Bunelle, Duclen Hyon, Roze, Sennevé fils, Lefranc, P. Boudin, Franchet, C. M. Harlau, Bertrand, Pierre Vanier, D. Lenfant, Perichard, Meneſſier, Pâque, J. J. Maugé Dubois, Louis François Lebas, Tricot, Barbier, Fauquet, Mary, Dubau, Piette, J. F. Gambier, Hanicque, Rapina, Cloquemain, Ledoux, Jean Senevé, Ledoux, Dardet, ·N. Boutet, Charton, Cheron, Perot, Regnault, Moraux, C. F. Hanique, F. Rouſſeau, Antoine Ledoux, Fauquet, G. Vallée, Capelan, Nicolas-Germain Ferret, M. Cochin, Lauriau, Dubois le jeune, Charié, N. B. Gerard, N Lebeuf, Pochard, Pommerat, Dubois, Morlet, Rouſſeau, Jean Lenfant, T L. Moreau, J. J. Maugé, Cœurderoy, Petit, Duvivier, Sebaſtien Canot, Damere, Jacques Demellier, Hebert, Bonfilliou, Cheron, Leger, Ricard, Jouanne, J.

B. R. Demellier, Pinoudier, Jean Ledoux, P. L. Boudin, Delacroix, Deflandre, Teſſon, Guerard, Margu ller Lacroniere Famin, Jolivet, Harlau, Magny, L Fradde, Ricard Maurer, Grullé, Lebeuf, Jean Dervillié, Meſlin, F. M Dobo, Lebeuf, Legrand, L Lecou et, Jouannette, Mervilie, Morel, E. Julienne l'aîné, Noël Delaſiye, Durand, Boudin, Louis Boudin, M. Durand, Charles Durand En marge eſt écrit, *Contrôlé à Paris le 17 Février 1741. reçû douze ſols, ſigné.*

SENTENCE DE POLICE,

Qui homologue la Deliberation du dix-ſept Janvier 1741.

Extrait des Regiſtres du Greffe de Police du Châtelet de Paris.

Du 14 Avril 1741.

VU par nous Claude-Henry Feydeau de Marville Chevalier, Conſeiller du Roi en ſes Conſeils, Maître des Requêtes ordinaire de ſon Hôtel, Lieutenant Général de Police de la Ville Prévôté & Vicomté de Paris, la Déliberation de la Communauté des Maîtres Ciſeleurs, Doreurs & Argenteurs ſur tous Métaux de la Ville & Fauxbourg de Paris, du dix ſept Janvier dernier controllé à Paris le 17 Février ſuivant par Blondelu, la Requête de ladite Communauté, & des Jurés en charge d'icelle, à fin d'homolation de ladite Déliberation, pour être exécutée, gardée & observée par tous les Maîtres présens & à venir de ladite Communauté, & à cette fin ordonner que notre présente Sentence sera transcrite sur le Registre des Délibérations de ladite Communauté, ladite Délibération & notredite Sentence imprimée à la diligence des Jurés pour être notifiée à tous les Maîtres présents & à venir de ladite Communauté, ladite Requête signée Fromentin Procureur, Notre Ordonnance de soit montrée, étant au bas, du vingt huit Février dernier, & les Conclusions du Procureur du Roi du douze du présent mois, tout consideré.

NOUS oui, sur ce le Procureur du Roi en ses Conclusions, avons ladite Déliberation homologuée pour être exécutée selon sa forme & teneur, & ordonner que notre présente Sentence sera à la diligence des Jurés en charge transcrite sur les Registres de la Communauté, lue, publiée, & affichée dans le Bureau d'icelle pour en être distribué à chacun des Maîtres & Veuves de Maîtres, à ce qu'ils n'en prétendent cause d'ignorance, & ayent à s'y conformer sous les peines. Fait ce quatorze Avril mil sept cens quarante-un signé Feydeau en la minute des présentes ainsi signée FEYDEAU.

Délivré pour Copie sur la Miuute, étant ès mains de Nous, Greffier des Chambres Civile & de Police du Châtelet de Paris, soussigné, ce six Août mil sept cens cinquante, MENARD.

ARREST DE LA COUR DE PARLEMENT.

Qui confirme la Sentence d'homologation de la Déliberation de la Communauté des Maîtres Doreurs ſur tous métaux, du quatorze Avril mil ſept cent quarante-un.

Extrait des Regiſtres du Parlement.

Du 5 Septembre 1741.

LOUIS par la grace de Dieu, Roi de France & de Navarre, au premier des Huiſſiers de notre Cour de Parlement; ou autre Huiſſier ou Sergent ſur ce requis; ſçavoir faiſons, qu'entre François Ceriſet, Jean-Baptiſte Va, Jean Lubin Daniere, tous Maîtres Doreurs à Paris, Appellans d'une Sentence de la Police du Châtelet de Paris, du dix-huitiéme Novembre mil ſept cent quarante, & demandeurs aux fins de la Requête inſerée en l'Arrêt de notredite Cour du trois Décembre audit an, & de l'aſſignation donnée en conſéquence, ledit jour trois Décembre à ce que l'Arrêt qui interviendra ſur ledit appel ſoit déclaré commun avec les Jurés en charge de la Communauté deſdits Maîtres Doreurs, d'une part; & Pierre Carpentier, Pierre de Lafoſſe, François Gerard le Grand, Henry, Nicolas le Clerc, Nicolas-Jean Deflandre, Jacques Leſcuyer, Jean-Claude Hardy, Jean-Louis Vigoureux & Gaspard-François Marguillier, tous Modernes & Jeunes, Maîtres Doreurs Intimés, & les Jurés en charges de la Communauté des Maîtres Doreurs à Paris, Défendeurs, d'autre part; & entre ledit Carpentier, Demandeur aux fins des Commissions & Exploit des 17 & 19 Décembre 1740, à ce que l'Arrêt qui interviendra sur ledit appel, fût déclaré commun avec les Défendeurs, d'une part; & lesdits Jurés en Charge des Maîtres Doreurs Défendeurs, d'autre part; & entre lesdits Jurés en Charge de la Communauté des Maîtres Doreurs, Demandeurs en Requête du 7 Juin 1741. à ce qu'ils fussent reçûs parties intervenantes dans la cause d'entre lesdits Cerilet, Va & Daniere, d'une part; & ledit Carpentier & autres, d'autre; sur l'appel desdits Ceriset, Va & Daniere, de ladite Sentence du 18 Nov. dernier, qu'il leur fût donné acte de ce que pour moyens d'intervention, ensemble pour défenses aux demandes formées contre eux, ils employoient leur Requête; qu'ils fussent reçûs Appellans de ladite Sentence, que ledit appel fût tenu pour bien relevé, qu'il leur fût donnée acte de la déclaration faite par ledit Carpentier & les nommés Lafosse, Gerard Legrand, le Clerc, Deflandres, Lescuyer, Hardy, Vigoureux & Marguillier, par la déliberation de la Communauté du 17 Janvier mil sept cent quarante-un, qu'ils se désistoient purement & simplement de toutes leurs prétentions, pour raison des Receptions desdits Ceriset, Va, Cloquemain & Daniere, & de tous autres Maîtres qui sont dans le même cas qu'eux, & qu'ils consentoient que lesdits quatre Maîtres demeurent reçûs Maîtres, nonobstant & sans avoir égard à ladite Sentence, & qu'elle demeure sans effet;

en conſéquence, que faiſant droit tant ſur l'appel des Demandenrs que ſur celui de Ceriſet, Va & Daniere, l'appellation & ce dont eſt appel fuſſent mis au néant, émandant que leſdits Demandeurs & leſdits Ceriſet, Va, Cloquemain & Daniere, fuſſent déchargés de toutes les condamnations contre eux prononcées par ladite Sentence, que leſdits Carpentier & conſorts, fuſſent déboutés de toutes leurs demandes, afin de nullité des Receptions deſdits Ceriſet, Va, Cloquemain & Daniere, & tous autres Maîtres qui ſont dans le même cas qu'eux, demeureroient reçûs Maîtres dans ladite Communauté, & jouiroient de tous les mêmes droits que les autres Maîtres de ladite Communauté, & en cas de conteſtation, que les conteſtans fuſſent condamnés aux dépens, d'une part; & leſdits Carpentier & conſorts, & Ceriſet & conſorts, Intimés & Défendeurs, d'autre part; & entre leſdits Ceriſet, Va & Daniere, Demandeurs en Requête du dix dudit mois de Juin, à ce qu'il leur fût donné acte de la déclaration faite par ledit Carpentier & conſorts, par la déliberation de la Communauté des Doreurs, du dix-ſept Janvier dernier, homologuée par Sentence de la Police, du Châtelet du quatorze Avril ſuivant, qu'ils ſe déſiſtent purement & ſimplement de toutes leurs prétentions, pour raiſons des Receptions des Demandeurs, & de ce qu'ils conſentent que les Demandeurs demeurent reçûs Maîtres, & en conſéquence faiſant droit ſur l'appel des Demandeurs, & ſur leur demande, que l'appellation & ce dont eſt appel fuſſent mis au néant; émandant, qu'ils fuſſent déchargés de toutes les condamnations contre lui prononcées par ladite Sentence; que leſdits Carpentier & conſorts, fuſſent déboutés de de toutes leurs demandes à fin de nullité des Receptions des Demandeurs, qu'il fût ordonné qu'ils demeureroient reçûs Maîtres dans ladite Communauté, & jouiroient de tous les mêmes droits que les autres Maîtres de laditeCommunauté, que l'Arrêt qui interviendroit fût déclaré commun avec les Jurés en Charge de ladite Communauté, & que soit lesdits Carpentier & consorts, soit lesdits Jurés en Charges fussent condamnés en tous les dépens envers les Demandeurs, tant des causes principales que d'appel & demandes par eux faites contre toutes les parties, tant en demandant défendant, que des sommations & dénonciations, d'une part; & lesdits Carpentier & consorts, & lesdits Jurés en Charge de la Communauté desdits Maîtres Doreurs Défendeurs, d'autre part; après que Rigault Avocat de François Cerisét & autres, Viel Avocat des Jurés de la Communauté des Doreurs, & Cothereau Avocat de Pierre Carpentier, & autres ont été ouis. NOTREDITE COUR reçoit les Parties de Viel, parties intervenantes & appellantes de la Sentence de Police du Châtelet de Paris, du dix-huitiéme Novembre mil sept cent quarante, tient ledit appel pour bien relevé, donne acte aux parties de Cotherau, de ce qu'au moyen de la déliberation de la Communauté des Doreurs du dix-sept Janvier dernier, homologuée par Sentence de la Police du Châtelet de Paris, du quatorze Avril suivant qui sera exécutée, ils se désistent purement & simplement de toutes leur prétentions pour raison des Receptions des parties de Rigault & de Jacques Cloquemain, & tous autres Maîtres qui sont dans le même cas qu'eux, & de ce qu'ils consentent que lesdites parties de Rigault, ledit Cloquemain &

autre demeurent maintenus en la qualité de Maîtres Doreurs; en conséquence, faisant droit tant sur l'appel des parties de Viel que sur celui des parties de Rigault met les appellations de ladite Sentence du 18 Novembre dernier & ce dont est appel au néant; émandant, sur les demandes desdites parties de Cochereau met les parties hors de Cour. Ordonne que sans tirer à conséquence pour l'avenir les parties de Rigault, Jacques Cloquemain & tous autres qui sont dans le même cas qu'eux, demeureront maintenus & gardés en la qualité de Maîtres dans ladite Communauté, condamne les parties de Viel, en tous les dépens des causes principales, d'appel & demandes envers toutes les parties, même en ceux faits entr'elles, lesquels dépens, ainsi que ceux par elle faits, lesdites parties de Viel pourront employer en dépense dans leur Compte; Mandons mettre le présent Arrêt à exécution. Donné en notre Parlement le cinq Septembre mil sept cent quarante-un, & de notre regne le vingt-sixiéme.

Collationné LE SEIGNEUR.

Par la Chambre DU FRANC.

La présente Déliberation, la Sentence d'homologation d'icelle, & l'Arrêt du Parlement qui les confirme, ont été imprimés du tems & par les soins de Messieurs

CLAUDE-MATHURIN HARLEAU,
CANTIEN VIVIER,
EDME-PIERRE BARBIER,
ET JEAN CHRETIEN.

Tous Jurés en Charge en l'année 1750.

Sentence de Police, du 3 Août 1742.

A Tous ceux qui ces présentes Lettres verront, Gabriel-Jerôme de Bullion, Chevalier-Comte d'Esclimont Seigneur de Wideville, Cresspieres, Mareil, Montainville & autres lieux, Maréchal des Camps & Armées du Roi, Conseiller en tous ses Conseils, Prevôt de Paris; Salut. Sçavoir faisons, que sur la Requête faite en Jugement devant Nous, à l'Audience de la Chambre de Police du Châtelet de Paris par Me. Pierre Formentin, Procureur des Jurés en Charge de la Communauté des Maîtres Ciseleurs, Doreurs, Argenteurs & Damasquineurs sur tous métaux, de la Ville & Fauxbourgs de Paris, faisissant sur les ci-après nommés les Marchandises de boutons de cuivre dorés & argentés, de boutons d'Etaim & argentés, & des Outils, Instrumens & Matiere propre à dorer & argenter, suivant le Procès-verbal de Me Sautel, Commissaire, dressé lors la saisie du neuf Janvier mil sept cens quarante-un, & le Procès-verbal de saisie fait par Mariotte, Huissier à Cheval, le même jour; controllé le lendemain par Dubois, & présenté, Demandeurs aux fins de la signification y contenue, afin de validité de ladite saisie, confiscation des Marchandises & Outils saisis; défenses de recidiver, dommages & intérêts, amande & dépens, Défendeurs à la Demande incidente portée par les défenses, signifiées le sept Juillet suivant, à ce que ladite saisie soit déclarée nulle, & que mainlevée pure & simple en soit faite, en conséquence les Marchandises, Outils & Matiere saisis, rendus; à ce faire le Gardien contraint, quoi faiſant déchargé, que pour l'inſulte faite au ci-après nommé, & leurs entrepriſes des Jurés Doreurs, ils ſoient condamnez ſolidairement en ſes dommages & interêts; que défenſes ſoient faites de plus à l'avenir faire de pareilles ſaiſies, & que notre préſente Sentence ſoit lue, publiée, imprimée & affichée par tout où beſoin ſera, aux frais deſdits Jurés, avec dépens; Demandeurs ſuivant leurs réponſes, ſignifiées le treize dudit mois de Juillet, & encore Demandeurs aux fins de la Requête verbale, ſignifiée le trois Mars dernier, à ce qu'en adjugeant les concluſions par eux ci-devant priſes & augmentant, il ſoit dit & ordonné que les Statuts, Arrêts & Reglemens concernant la Communauté des Maîtres Doreurs & celle des Maîtres Boutonniers, ſeront exécutés; ce faiſant, la ſaiſie faite ſur le ci-après nommé, déclarée bonne & valable; les Marchandiſes & Outils ſaiſis, confiſqué au profit des Doreurs, défenſes au ci-après nommé & à tous autres Maîtres Boutonniers, de plus à l'avenir entreprendre ſur l'état & profeſſion des Maîtres Doreurs, en conſéquence de faire & de faire vendre ni expoſer aucuns boutons dorés ni argentés, que pour la contravention par lui faite & commiſe, il ſoit condamné en mille livres d'amende & mille livres de dommages & interêts envers la Communauté des Maîtres Doreurs; & notre préſente Sentence imprimée, lûe, publiée, affichée & inſcrite ſur le Regiſtre des Délibérations de la Communauté des Maîtres Boutonniers, avec dépens: contre Me Bellot, Procureur de Jacques Sellier, Maître Paſſementier-Boutonnier à Paris, Défendeur à l'exploit & aſſignation du neuf

Janvier mil sept cent quarante-un, Demandeur incidamment suivant ses défenses, signifiées le sept Juillet suivant, & Défendeurs à la Requête-verbale, signifiée le trois Mars dernier, Parties ouyes, lecture faite du Procès-verbal, saisie dudit Me Sautel, Commissaire, du neuf Janvier mil sept cent quarante-un, de celui dudit Mariotte, Huissier, des Statuts & Reglemens des Maîtres Doreurs, & de ceux de la Communauté des Maîtres Passementiers-Boutonniers, & autres Piéces & Demandes, Requête & défenses des Parties, sans que les qualités puissent nuire ni préjudicier. NOUS, après qu'il en a été déliberé sur les piéces & dossiers des Parties, Disons; que les Statuts, Arrêts & Reglemens concernant les Communautés des Doreurs & des Boutonniers, seront exécutés selon leur forme & teneur, en conséquence, déclarons la saisie faite par les Parties de Formentin l'aîné, sur celle de Bellot, bonne & valable, & néanmoins par grace & sans tirer à conséquence, Disons, que les boutons dorés & argentés, ensemble les Outils & Matieres servant à dorer & argenter, compris en ladite saisie, seront vendus au Bureau des Doreurs, pour les deux tiers du prix en provenant, être rendu à la Partie de Bellot, & le surplus confisqué au profit de celle de Formentin, à la remise desdits deux tiers, & à la représentation desdits effets saisis; tous Gardiens & dépositaires contraints : quoi faisant déchargés. Faisons défenses à la Partie de Bellot de plus entreprendre sur la Profession des Maîtres Doreurs, & la condamnons en dix livres de dommages & interêts envers lesdites Parties de Formentin, & aux dépens. Ordonnons que la présente Sentence sera inscrite sur les Registres des deux Communautés des Doreurs & des Boutonniers, ce qui sera exécuté, sans préjudice de l'Appel. En témoin de ce, Nous avons fait sceller ces présentes Fait & donné par Monsieur de Marville, Lieutenant Général de Police, tenant le Siége le Vendredi trois Août mil sept cens quarante deux. Collationné, *Signé* Debeauvais.

Sentence de Police, du 11 Janvier 1743.

A Tous ceux qui ces présentes Lettres verront, Gabriel-Jerôme de Bullion, Chevalier-Comte d'Esclimont, Conseiller du Roi en ses Conseils, Prevôt de Paris; Salut. Sçavoir faisons, que sur la Requête faite en Jugement devant Nous, à l'Audiance de la Chambre de Police, par Me Pierre Formentin, Procureur des Jurés en Charge de la Communauté des Maîtres Ciseleurs, Doreurs, Argenteurs, Damasquineurs & Enjoliveurs sur tous métaux, de la Ville & Fauxbourgs de Paris, saisissans sur le Sieur Poyet, Maître Perruquier à Paris, cent quatre-vingt-sept douzaines de gros boutons de cuivre dorés, de différens modeles, dont partie encartée, tant petits que gros; & l'autre non encartée; vingt-six douzaines de déchet, tant gros que petits, de différens modeles. Plus quatre-vingt douzaines de Boutons dorés, tant gros que petits & déchet de différens modeles, & autres Marchandises & Outils servans à dorer, suivant les Procès-verbaux de Girard, Commissaire, & de Baudau, Huissier à verge en cette Cour, du vingt-quatre Octobre dernier, Demandeur aux fins de l'assignation, dûement contrôlée & préſentée afin de validité de la préſente ſaiſie, confiſcation des Marchandiſes ſaiſies, dommages & interêts, amende & dépens. Défendeurs à la demande & reclamation deſdites Marchandiſes & effets ſaiſis formée par la Femme ci après nommée, ſuivant ſa Requête, & notre Ordonnance étant au bas, & l'aſſignation en notre Hôtel donnée en conſéquence de notredite Ordonnance, étant au bas de la Requête par ledit Mariotte, Huiſſier. Leſdites Requête & exploit du vingt-ſix & vingt-neuf du mois d'Octobre, ſur laquelle Demande les Parties ont été renvoyées à l'Audience par notre Ordonnance du trente du même mois, contre ledit Poyet, Maître Perruquier, Partie ſaiſie, Défendeur à l'aſſignation du vingt quatre Octobre dernier, & Maître Cattet, Procureur d'Etiennette Ferari, femme de Jean Araſſe, qu'elle qualifie de Maître Fondeur à Paris, & ſa'diſante femme autoriſée par Juſtice à la pourſuite de ſes droits, Demandeur en reclamation deſdites Marchandiſes & effets ſaiſis ſur ledit Poyet, ſuivant les Requêtes & exploits ſuſdatés. Oui ledit Formentin en ſon Plaidoyer, & par vertu du défaut de Nous donné contre ledit Poyet & ledit Cattet, non Comparans ni autres pour eux, dûement appellés, lecture faite des Statuts & Reglemens de la Communauté & des Piéces ſus énoncées, enſemble de l'Avenir à ce jour. Nous diſons que les Statuts & Reglemens de la Communauté des Maîtres Doreurs, ſeront exécutés ſelon leur forme & teneur, en conſéquence ſans s'arrêter à la Demande en reclamation de la Partie de Cattet dont nous la déboutons; avons la ſaiſie faite ſur ledit Poyet, déclarée bonne & valable; en conſéquence, diſons

ons que les Marchandises & choses saisies, sont & demeureront confisquées au profit des Parties de Formentin ; faisons défenses aux Parties défaillantes de recidiver & de plus entreprendre sur la Profession des Maître Doreurs, & pour la contraventions commise par ledit Poyet, le condamnons en dix livres d'amende & vingt livres de dommages & interêts envers les Parties de Formentin ; condamnons les défaillans en tous les dépens, ce qui sera exécuté sans préjudice de l'Appel, & soit signifiée. En temoin de ce nous avons fait sceller ces Présentes, faites & jugées par Messire Claude-Henry Feydeau-de-Marville, Chevalier-Conseiller du Roi en ses Conseils. Maître des Requêtes ordinaire de son Hôtel, Lieutenant Général de Police de la Ville & Fauxbourgs de Paris, y tenant le Siége au Châtelet, le Vendredi onze Janvier mil sept cent quarante-six. Collationné, *Signé* CUIRET, scellé le douze Janvier mil sept cent quarante-trois. Reçû 30 f. *Signé* SAUVAGE, & en marge est écrit, signifié & baillé Copie à Me Cattet, Procureur à domicile, le seize Janvier mil sept cent quarante-trois. *Signé* LENOBLE.

Sentence de Police, du 8 Février 1743.

A TOUS ceux qui ces présentes Lettres verront, Gabriel-Jerôme de Bullion, Chevalier-Comte d'Esclimont, Prevôt de Paris ; SALUT. Sçavoir faisons, que sur la Requête faite en Jugement devant Nous, à l'Audience de la Chambre de Police du Châtelet de Paris, par

Me Formentin, Procureur des Jurés en Charge de la Communauté des Maîtres Ciseleurs-Doreurs-Argenteurs & Damasquineurs sur tous métaux à Paris, saisissans sur le sieur Poyet, Maître Perruquier à Paris, cent quatre-vingt douzaines de gros boutons de cuivre doré, de differens modeles dont parties encartés tant de petits que gros, l'autre partie non encartés, vingt-sept douzaines de déchet, tant de gros que de petits, de différens modeles; quatre-vingt douzaines de boutons dorez, tant gros que petits & de déchet de differens modeles, & autres Marchandises & Outils servant à dorer, suivant les Procès verbaux de Me Girard, Commissaire, & Baudau, Huissier à Verge, du vingt quatre Octobre dernier, Demandeurs aux fins de l'assignation y portée par ledit Procès-verbal de saisie, fait par ledit Baudau, contrôlé & présenté, Défendeurs à la Demande en reclamation des Marchandises & Outils saisis, formée par la femme Arasse, par sa Requête du vingt-six Octobre dernier, au bas de laquelle est notre Ordonnance & assignation donnée en conséquence, en notre Hôtel, par Mariotte, Huissier, le vingt-neuf dudit mois d'Octobre, sur laquelle Demande les Parties ont été renvoyées à l'Audience, par notre Ordonnance du trente dudit mois, Demandeurs en éxecution de notre Sentence du onze Janvier dernier; Défendeur à la Requête verbale d'intervention des sieurs Hubert & Julienne, ci-après nommés; signifiée le quinze dudit mois de Janvier; & encore Défendeurs à la Requête verbale d'opposition desdits Poyet & femme Arasse, signifiée le vingt-deux du même mois, contre Me Cottet, Procureur du sieur Poyet, Maître Perruquier à

Paris, Partie saisie, Défendeurs à l'assignation portée par le Procès-verbal de saisie, du vingt-quatre Octobre dernier, & d'Etiennette Ferrary, femme de Jean Arasse, Maître Fondeur à Paris, se disant autorisée par Justice à la poursuite de ses droits, Demanderesse en reclamation suivant ses Requêtes & assignations, du vingt-six & vingt-neuf Octobre dernier; tous deux opposans à notredite Sentence du onze Janvier dernier, suivant leur Requête d'opposition du vingt-deux dudit mois, assisté de Me Delabrosse, leur Avocat, & contre Me Delacroix, Procureur du sieur Jean-Mathieu Hubert, Maître & Marchand Batteur d'Or à Paris, & du sieur Pierre Julienne, Boutonnier, demeurant dans l'enclos Saint Martin, intervenans, Demandeurs aux fins de leur Requête verbale du quinze Janvier dernier, aussi assisté dudit Me Delabrosse Avocat; Parties ouyes, lecture faite de leurs Piéces. Nous, sans s'arrêter ni avoir égard à l'intervention & Demande des sieurs Hubert & Julienne; Parties de Delabrosse, ni à l'opposition dudit Poyet & de ladite femme Arasse, dont ils sont tous déboutez. Disons; que notre Sentence du onze Janvier dernier, sera exécutée selon sa forme & teneur, & en conséquence, que les Marchandises & Outils saisis dont est question, seront vendus sans frais, au Bureau des Doreurs, & par grace & sans tirer à conséquence, que le prix qui en proviendra en sera rendu pour quatre cinquiéme aux Parties saisies, & l'autre cinquiéme appartiendra aux Jurés Doreurs, & sur les quatre cinquiémes revenant aux Parties saisies, seront lesdits Hubert & Julienne, payés de leur dû. Condamnons les Parties de Delabrosse, aux dépens, ce qui sera exécuté nonobſtant & ſans préjudice de l'Appel. En témoin de ce Nous avons fait ſceller ces préſentes, faites & données par Meſſire Claude-Henry Feydeau de Marville, Conſeiller du Roi en ſes Conſeils, Lieutenant Général de Police de la Ville de Paris, y tenant le Siége le Vendredi huit Février mil ſept cent quarante-trois. *Collationné*, *Signé* CUIRET, ſcellez le quinze Février par Sauvage & plus bas, ſignifié & baillé Copie à Me Cattet & Delacroix, Procureurs au Châtelet, le dix-neuf Février, mil ſept cent quarante-trois.

Signé HENNEQUIN.

Sentence de Police, du 15 *May* 1744.

A TOUS ceux qui ces préſentes Lettres verront, Gabriel-Jerôme de Bullion, Chevalier-Comte d'Eſclimont, Prevôt de Paris; SALUT. Sçavoir faiſons, que ſur la Requête faite en Jugement devant Nous, à l'Audience de la Chambre de Police du Châtelet de Paris, par Me Formentin Procureur de Jean Charron, François Dubois le jeune, & François Lambert, tous trois Maîtres Cizeleurs-Doreurs, Argenteurs Damaſquineurs & Enjoliveurs ſur tous métaux, de la Ville & Faubourgs de Paris, Deffendeurs aux ſaiſies faites ſur eux de boutons dorez & argentez, & autres Ouvrages de la Profeſſion de Maître Doreur, à la requête des Jurés Boutonniers, le quatorze Septembre mil ſept cens quarante-trois, ſuivant leſdits procès-verbaux faits par Froment & Faucet, Huiſſiers à Cheval, avec aſſignation en la Chambre de Police; lesdits Charron, Lambert & Dubois, Demandeurs suivant leur Requête à Nous présentée, le dix sept dudit mois de Septembre, afin de main levée provisoire desdites saisies & exécution de notre Ordonnance contradictoire, du vingt-six dudit même mois de Septembre; & encore Demandeurs incidemment suivant leurs deffenses signifiées le vingt dudit mois de Septembre & le quinze Janvier dernier, afin de nullité & main-levée desdites saisies, restitution des Marchandises saisies, deffenses de recidiver, trois cens livres de dommages & interêts & dépens; & encore ledit Formentin, Procureur des Jurés en Charge de la Communauté des Maîtres Cizeleurs-Doreurs-Argenteurs-Damasquineurs & Enjoliveurs sur tous métaux, de la Ville & Faubourgs de Paris, Intervenans Demandeurs suivant leur Requête-verbale d'intervention, signifiée les vingt Novembre & quatorze Janvier dernier, tendante à ce que les Statûts & Reglemens de la Communauté des Maîtres Doreurs soient exécutés, lesdits Maîtres Doreurs maintenus & gardez dans leur droit & possession de dorer & argenter, sur tous métaux, de vendre & débiter toutes lesdites Marchandises & Ouvrages par eux dorez & argentez, & par eux finis & parachevez; en conséquence, deffenses aux Boutonniers de les troubler dans leur droit & possession; que les saisies faites sur lesdits Charron, Dubois & Lambert soient déclarées nulles, main-levée en soit faite & les Marchandises saisies rendues: deffenses aux Jurés Boutonniers de faire de semblables saisies à peine d'amande, que pour les avoir faites, ils soient condamnez en trois cens livres de dommages & interêts envers la Communauté des Doreurs, & notre Sentence qui interviendroit inſcrite ſur les Regiſtres de la Communauté des Maîtres Boutonniers, imprimée, lûe, publiée & affichée avec dépens : lesdits Jurés Doreurs Deffendeurs à la Demande incidente, portée par les deffenſes deſdits Jurez Boutonniers, ſignifiée le vingt-ſix Novembre & le quinze Janvier dernier, auſquels leur adjugeant les concluſions par eux priſes par les aſſignations portée en leurs Procès-Verbaux de ſaiſies, & déboutant leſdits Jurés Doreurs de leurs demandes & prétentions; il ſoit en outre, fait deffenſes à tous Doreurs, de contrevenir aux Reglemens de la Communauté des Boutonniers, de vendre à l'avenir des boutons de cuivre & d'Etaim, dorez & argentez montez ſur des moules de bois, à corde & à boyaux, & que pour l'avoir fait par les Parties ſaiſies & les vouloir ſoutenir par les Jurez Doreurs, ils ſoient condamnez ſolidairement en cinq cens livres de dommages & intérêts, & encore ſur la Requête de Me Jean Satis, Procureur de Claude Eſſelin, auſſi Me Doreur à Paris, Deffendeurs à la ſaiſie ſur lui faite ledit jour quatorze Septembre dernier, par ledit Faucet Huiſſier, avec aſſignation à la Requête deſdits Jurés Boutonniers, de pluſieurs Marchandiſes de Boutons dorez & argentez & autres Ouvrages dépendant du métier de Doreur, ledit Eſſelin Demandeur en main-levée proviſoire de la ſaiſie, ſuivant ſa Requête à nous préſentée le vingt-quatre dudit mois, de Septembre, en exécution de notre Ordonnance contradictoire, du vingt-ſix du même mois & encore ledit Eſſelin, Demandeur incidemment ſuivant ſes deffenſes, ſignifiées le vingt-ſix Octobre dernier, afin de nullité de ladite saisie, restitution desdites Marchandises saisies, cens cinq livres de dommages & interêts, amande & dépens, contre Me Hardy, Procureur des Jurés en Charge de la Communauté des Maîtres Passementiers Boutonniers de Paris, saisissans suivant quatre Procès-verbaux du quatorze Septembre dernier; Sçavoir, sur ledit Charron, quatre-vingt cinq douzaines de gros boutons, neuf douzaines & demie de petits boutons de cuivre doré, & plusieurs cartons & cottons sur ledit Dubois; vingt-neuf paquets de boutons dorez & douze paquets de boutons argentez, sur ledit Lambert, trente-deux paquets de boutons de cuivre doré & surdoré, & autres boutons argentés & prêts à dorer & argenter, & sur ledit Esselin, de pareils boutons, tant dorés & argentés que prêts à dorer & argenrer; Demandeurs suivant les assignations portées ausdits Procès verbaux; Deffendeurs ausdites Demandes & main-levées provisoires & demandes incidentes, portées par les deffenses desdits Charron, Dubois, Lambert & Esselin, signifiées les vingt Septembre, vingt-six Octobre & quinze Janvier dernier, & encore lesdits Jurés Boutonniers Deffendeurs ausdites interventions & Demandes desdits Jurés Doreurs, portées par leurs Requêtes verbales des vingt Novembre & quatorze Janvier dernier, & Demandeurs incidemment suivant leurs Deffenses, signifiée les 26 Novembre & 15 Janvier dernier; Parties oüyes & lecture faite de leurs Piéces, sans que les qualitez puissent nuire ni préjudicier. Nous, après qu'il en a été déliberé sur les piéces & dossiers des Parties; Recevons les Jurés de la Communauté des Maîtres Doreurs, Parties intervenantes; faisant droit au principal : Déclarons les ſaiſies dont eſt queſtion, nulles, Diſons que les Marchandiſes ſaiſies ſeront rendues auſdits Dubois, Charron, Lambert & Eſſelin, à la repréſentation, tous Gardiens contraints, quoi faiſant déchargez, & les cachets apposés par le Commiſſaire, ſeront reconnus & levés, condamnons les Parties de Hardy en 15 livres de dommages & interêts, envers chacun deſdits Dubois, Charron, Lambert & Eſſelin, & aux dépens envers toutes les Parties, même en ceux faits entre celle de Satis & Formentin, ſur le ſurplus des demandes reſpectives des Parties, les avons mis hors de Cour, ce qui ſera executé nonobſtant & ſans préjudice de l'Appel. En témoin de ce nous avons fait ſceller ces préſentes. Fait & donné par Meſſire Claude Henry Feydeau de-Marville Lieutenant General de Police, de Paris, y tenant le Siége le Vendredy quinze May mil ſept cent quarante - quatre. Collationé. *Signé* Lambert, & ſcellé le ſeiziéme Juillet mil ſept cent quarante - quatre. *Signé* Sauvage. Controllé le dix-ſept Juillet mil ſept cent quarante-quatre. *Signé* HERAN.

ÉDIT DU ROI,

DELIBERATION,

Sentences d'homologations

ARREST

DU CONSEIL D'ÉTAT

DU ROI,

LETTRES Patentes, & Arrêt de la Cour de Parlement pour l'enregiſtrement d'icelles, rendus au profit des Maîtres CIZELEURS, DOREURS, ARGENTEURS, DAMASQUINEURS & ENJOLIVEURS ſur fer, fonte, cuivre & autres métaux, de la Ville & Fauxbourgs de Paris.

Portant nouveau Reglement pour les Réceptions à la Maîtrise, Brevêts d'Apprentissages & autres nouveaux droits.

Par les soins de Messieurs JEAN DUCLON, NICOLAS MAURER, FRANÇOIS LE FRANC, & CHARLES FRANCHET, Jurés en Charge en l'Année 1746.

Et des Sieurs ETIENNE CHERON & CHARLES JACQUIN, Anciens de ladite Communauté.

ÉDIT DU ROI,

Portant création d'Inspecteurs & Contrôleurs des Maîtres & Gardes dans les Corps des Marchands, & des Inspecteurs & Contrôleurs des Jurés dans les Communautés d'Arts & Mêtiers du Royaume.

Donné à Versailles au mois de Février 1747.

Registré en Parlement, le 19 Mars 1745.

LOUIS par la Grace de Dieu, Roi de France & de Navarre : A tous présens & à venir ; Salut. Les dépenses ausquelles nous expose la continuation de la Guerre, nous mettent dans la nécessité de nous procurer de nouveaux secours : Et comme nous désirons user à cet effet des moyens qui nous paroissent être les moins onéreux à nos Sujets, & qui nous a été représenté qu'il avoit été ci-devant créé dans les corps des Marchands & dans les Communautés des arts & métiers, differens Offices qui, quoique réunis alors par ces corps & Communauté, ne leur sont point onéreux, attendu qu'au moyen de la jouissance qu'ils ont eue depuis cette réunion, & qu'ils ont encore des gages & droits qui y ont été attribuez, ils se sont liberez de la plus grande partie des sommes qu'ils avoient empruntées pour en payer la finance : Nous nous sommes déterminez avec d'autant plus de facilité à créer de nouveaux Offices dans lesdits Corps & Communautés, que la réunion qu'ils pourront en faire ne leur sera point à charge, eu égard à la jouissance qu'ils auront des gages & droits que nous nous proposons d'y attacher. A ces causes & autres à ce nous mouvant, de notre certaine science, pleine puissance & autorité Royale, Nous avons par le présent Edit perpétuel & irrévocable, créé & érigé, créons & érigeons en titre d'Offices formez & héréditaires, tant dans notre bonne Ville de Paris, que dans toutes les autres Villes & Bourgs clos de notre Royaume, Pays, Terres & Seigneuries de notre obéissance, où il y a présentement Maîtrise & Jurande, des Inspecteurs & Contrôleurs des Maîtres & Gardes dans le Corps des Marchands, & des Inspecteurs & Contrôleurs des Jurés dans les Communautés d'arts & métiers; & pareilles Offices d'Inspecteurs & Contrôleurs des Syndics établis parmi les Marchands & Artisans qui n'ont ni maîtrise ni jurande, au nombre fixé par les rôles qui seront arrêté en notre Conseil, auxquelles Offices il sera par nous pourvû de personnes capables, moyennant la finance reglée par lesdits rôles, qui sera payée au Trésorier de nos revenus casuels, & les deux sols pour livre d'icelle. Et pour donner moyen ausdits Inspecteurs & Contrôleurs de soutenir les fonctions de leurs Offices, nous avons créé & créons quatre cent mille livres de gages actuels & effectifs par chacun an, que nous leur avons attribuez & attribuons, pour être repartis entr'eux sur le pied du denier vingt de la finance principale qu'ils nous auront payée pour l'acquisition de leurs Offices; pour en être l'emploi fait annuellement dans nos états des recettes générales des finances; à commencer du premier Janvier de la présente année, & leur en être fait le payement, chacun à leur égard sur leur simple quittance, par le Receveur général en exercice dans la Généralité de Paris pour les Offices créez dans notre bonne Ville de Paris, & par les Receveurs des Tailles de chaque Election pour les autres Villes & Bourgs de notre Royaume. Pourront les acquereurs desdits Offices les exercer sur les simples quittances de Finance du Trésorier de nos revenus casuels, & ce sans être obligez d'obtenir aucunes lettres de provisions, dont nous les avon dispensez & dispensons; & seront reçûs, installée & mis en possession en conséquence desdites quittances de finance, en prêtant par eux serment devant les Juges de Police, de bien & fidelement s'acquitter du devoir de leur charge. Les Officiers présentement créez, auront seuls le droit de convoquer les assemblées extraordinaires du Corps ou de la Communauté dans laquelle ils auront acquis leurs Offices, toutes fois & quantes ils le jugeront à propos, en observant néanmoins de ne point déranger les assemblées ordinaires prescrites par les Statuts: Ils y présideront dans quelque cas & pour quelques causes que lesdites assemblées soient faites, & où lesdits Inspecteurs & Contrôleurs estimeroient que les choses mises en déliberation seroient contraires à la bonne administration & au bien de la Communauté, leur permettons & les autorisons à protester contre ladite déliberation au pied d'icelle, desquelles les protestations & déliberations leur sera délivré expédition, pour en être référé aux Juges qui en doivent connoître. Défendons aux Maîtres & Gardes, Syndics, Jurés & autres, de convoquer aucune assemblée extraordinaire sans le consentement la partipation desdits Inspecteurs & Contrôleurs, à peine de nullité de ce qui aura été déliberé & de mille livres d'amende contre les contrevenans. Ne pourront pareillement lesdits Gardes & Jurés, dresser les Rôles de la Capitation & autres impositions, entreprendre aucun Procès, sans la participation desdits Inspecteurs & Contrôleurs : Seront tenus les Gardes-Jurés de leur rendre compte chaque jour de Bureau, ou tout au moins une fois la semaine, à l'effet de quoi lesdits Inspecteurs & Contrôleurs seront tenus de s'y rendre, de la recette qu'ils auront faite des deniers communs, de la déposer en leur présence dans le Coffre fort de la Communauté, dont il leur sera délivré une des clefs, les autres devant rester entre les mains des Maîtres & Gardes, Syndics, Jurés & autres qui en sont dépositaires; & duquel Coffre il ne pourra être tiré aucunes sommes sans la participation & consentement desdits Inspecteurs & Contrôleurs. Il sera loisible ausdits Inspecteurs & Contrôleurs d'assister à toutes les visites ordinaires & extraordinaires que feront les Gardes & Jurés chez les membres de leurs Corps ou Communautés, & de faire dresser Procés verbal s'ils le jugent à propos, des contraventions qu'ils auront observées contre les Statuts & Reglemens de la Communauté ou autres; seront tenus lesdits Gardes & Jurés de signer lesdits Procès verbaux; & s'ils en étoient refusans, il en sera fait mention par l'Officier qui aura dressé le Procès-verbal, qui sera remis au Grefle de Police avec les piéces de conviction s'il y en a, pour y être fait droit, & les contrevenans punis suivant la rigueur des Ordonnances; à l'effet dequoi les Gardes & Jurés seront tenus de les avertir du tems qu'ils feront leurs visites, à peine de mille livres d'amende, & lors de la premiere visite de chaque année, il leur sera payé par chaque Marchand & Artisan du Corps ou de la Communauté dans lesquels ils auront acquis leurs Offices, les sommes fixées par le tarif arrêté en notre Conseil. Assisteront pareillement lesdits Inspecteurs & Contrôleurs à la reddition des comptes des Gardes & Jurés, qu'il leur sera loisible de débattre; sur lesquels débats il sera statué par les Juges qui en doivent connoître, & à la clôture desquels ils assisteront & qu'ils pourront signer; à l'élection & nomination desdits Gardes & Jurés, à la distribution & confection des Chefs-d'œuvres, & à la réception des fils de Maîtres, apprentifs & autres; à toutes lesquels fonctions ils présideront en l'absence des Officiers de Police, & leur sera payé pour leur assistance le double du droit qui se paye aux Gardes & Jurés. Avons aussi attribué & attribuons ausdits Offices créez par le présent Edit dans les Corps & Communautés de la Ville de Paris, le droit de six livres pour chaque reception à la maîtrise dans lesdits Corps & Communautés & celui de six livres pour chaque ouverture de boutique & exercice de profession, dont ont joui ou dû jouir lesdits Corps & Communautés, conformément à notre Edit du mois de Décembre 1743. pour les indemniser du remboursement qu'ils ont fait des Offices créez par notre Edit du mois de Juin 1710. & dont la jouissance appartiendra ausdits Inspecteurs & Contrôleurs, à commencer du jour de leur reception ausdits Offices, au lieu desdits Corps & Communautés, qui cesseront de les percevoir à leur profit du jour de la date de notre present Edit. A l'égard des Inspecteurs & Contrôleurs des Syndics établis par l'Edit du mois de Décembre 1691. parmi les Marchands & Artisans qui n'ont ni maîtrise ni Jurande, nous leur attribuons les mêmes fonctions, droits, prérogatives & priviléges accordez par le présent Edit aux Offices d'Inspecteurs & Contrôleurs des Corps & Communautez dans lesquels il y a maîtrise & jurande : Ordonnons qu'en cas qu'il y ait quelques Ville & Bourgs du Royaume dans lesquels il n'y auroit point encore des Syndics d'établis, lesdits Officiers, Inspecteurs & Contrôleurs présentement créez en fassent les fonctions : Voulons que ceux qui auront acquis lesdits Offices d'Inspecteurs & Contrôleurs puissent, après avoir prêté serment devant le sieur Lieutenant Général de Police à Paris, & devant les Juges qui font les fonctions de la Police dans les autres Villes & Bourgs, exercer le commerce ou la profession des maîtres du Corps ou de la Communauté à laquelle leur Office sera attaché, sans qu'ils soient tenus de faire aucune expérience ni Chef-d'œuvre, de payer aucun droit de Réception, ni prendre d'autres lettres de maîtrise, dont nous les avons dispensés & dispensons, pourvû qu'ils n'eussent pas acquis la maîtrise dans un Corps ou Communauté différent ; à la charge néanmoins de se conformer aux Statuts & Reglemens desdits Corps & Communautés, à l'effet de quoi ils seront soumis à la visite des maîtres Gardes & Jurés, ainsi que les autres maîtres. Voulons qu'ils ne puissent être augmentés à la taille qu'au marc la livre de l'augmentation de leurs biens, ou de celle qui pourroit être faite sur l'imposition générale : seront pareillement exempts de la collecte des tailles, du ſervice de la milice pour eux & l'aîné de leurs enfans qui ſe trouveroit dans le cas d y tirer; du logement de gens de guerre, notamment dans notre bonne ville & fauxbourgs de Paris, de la contribution au logement de nos Gardes Françoiſes & Suiſſes, de tutelle & curatelle, nomination à icelles, & autres charges publiques, à l'exception néanmoins de ceux dont la finance principale des Offices ſeroit au deſſous de trois cens livres; & à l'égard de leurs enfans, ils jouiront des mêmes priviléges & prérogatives que les fils de maîtres deſdits Corps & Communautés. Ordonnons que ceux qui auront prêté leurs deniers pour acquérir leſdits Offices, ayent privilége & hypothéque ſpécial ſur iceux, & ſur les gages & droits y attribués, dont il ſera fait mention dans les quittances de finance. Permettons de ſtipuler dans les Contrats d'emprunt, que les arrérages des rentes qui auront été conſtituées pour raiſon deſdits emprunts, ſeront exemptes du dixiéme ordonné être levé par notre Déclaration du 29 Août 1741, déchargeant les gages & droits y attribués auſdits Offices, de ladite retenue. Et néanmoins pour marquer la continuation de notre attention & bienveillance pour les Corps des Marchands & Communautés des arts & métiers de notre Royaume, autoriſons leſdits Corps & Communautés, à réunir chacun en droit ſoi, leſdites Charges d'Inſpecteurs & Contrôleurs; en faiſant ladite réunion par les Corps & Communautés d'Arts & Métiers notre bonne Ville de Paris dans trois mois, & par les Corps & Communautés des autres Villes de notre Royaume dans ſix mois, à compter du jour de la publication du préſent Edit. Nous entendons qu'ils jouiſſent de tous les gages & droits attribuez ausdits Offices par notre présent Edit, à l'effet de quoi Nous leur donnons toute préférence dans les termes ci-dessus marquez. SI DONNONS EN MANDEMENT à nos amez & feaux Conseillers les gens tenant notre Cour de Parlement, Chambre des Comptes & Cour des Aydes à Paris, que notre présent Edit ils ayent à faire lire, publier & registrer, le contenu en icelui garder, observer & exécuter de point en point selon sa forme & teneur, nonobstant tous Edits, Déclarations, Arrêts, Reglemens & autres choses à ce contraires, ausquelles nous avons dérogé & dérogeons par le présent Edit, aux copies duquel, collationnées par l'un de nos amez & feaux Conseillers Secretaires, voulons que foi soit ajoutée comme à l'original : CAR tel est notre plaisir. Et afin que ce soit chose ferme & stable à toujours, nous y avons fait mettre notre scel. Donné à Versailles au mois de Février, l'an de grace mil sept cent quarante-cinq, & de notre regne le trentieme. *Signé* LOUIS. *Et plus bas*, par le Roi. PHELYPEAUX. *Visa* DAGUESSEAU. Vû au Conseil, ORRY. Et scellé du grand sceau de cire verte en lacs de soye rouge & verte.

Registré, oui & ce requerant le Procureur Général du Roi, pour être exécuté selon sa forme & teneur, & sera ledit Seigneur Roi très-humblement supplié, au cas que les charges ne soient levées par les Communautés, de vouloir bien donner ses ordres, ainsi qu'il l'a donné à entendre par sadite réponse, pour que lesdites charges ne soient levées que par gens capables & ayant une expérience suffisante dans l'Art ou la Marchandise de la Communauté dans laquelle ils acquereront lesdites charges, & copies collationnées

collationnées envoyées dans les Bailliages & Sénéchaussées du ressort ; pour y être lûes, publiées & registrées : Enjoint aux Substituts du Procureur Général du Roi d'y tenir la main, & d'en certifier la Cour dans le mois, suivant l'Arrêt de ce jour. A Paris en Parlement, le dix-neuf Mars mil sept cent quarante-cinq. Signé ISABEAU.

Extrait du Registre des Déliberations de la Communauté des Maîtres Ciseleurs, Doreurs, Argenteurs, Damasquineurs & Enjoliveurs de la Ville & Fauxbourgs de Paris.

Du 12 Juillet 1745. cinq heures de relevée.

LA Communauté des Maîtres Doreurs assemblée au Bureau en la maniere accoutumée, il a été représenté par les Jurés en Charge, 1°. Que dans la Déliberation du 7 Juillet présent mois, il n'a point été fait mention des Droits que les Maîtres sans qualité, les Apprentifs, les Fils de Maîtres & les Gendres de Maîtres payeroient pour leur Réception à la Maîtrise, & qu'il paroît nécessaire de les désigner par une Déliberation particuliere, afin de supplier Sa Majesté par l'Arrêt qui autorisera l'emprunt des huit mille livres pour la réunion des Offices d'Inspecteurs & Contrôleurs, à la Communauté, de vouloir bien ordonner l'exécution de ladite Déliberation. 2°. Que le pouvoir donné ausdits Jurés en Charge par la même Déliberation du 7 Juillet, pour raison de l'emprunt desdits huit mille livres n'est pas assez étendu ; cet emprunt les exposant à des frais & faux frais extraordinaires vû la difficulté des prêteurs, à cause de la rareté de l'argent, pourquoi il a été déliberé & arrêté sur le premier objet, que les Maîtres sans qualité payeroient la somme de six cent livres pour leur Reception à la Maîtrise, à laquelle seront appellez les Jurez en Charge, le Meneur, tous les Anciens, quatre Modernes & deux Jeunes Maîtres, ausquels Jurés, Meneur & chacun des Anciens, chacun des quatre Modernes & des deux Jeunes, ensemble au Doyen & au Clerc de ladite Communauté seront payez les mêmes droits qu'aux Receptions des Apprentifs, ci-après déclarez, indépendamment de ladite somme de six cens livres les Maîtres qui seront reçûs en qualité d'Apprentif & par Chef-d'œuvre, & les Fils de Maître nez avant la Maîtrise de leur pere, payeront au profit de la Communauté, chacun la somme de trois cens liv. au lieu de celle de cent quatre-vingt dix livres qu'ils payoient ci-devant, & en outre payeront lors de leur Reception à ladite Maîtrise, outre les droits ci-dessus aux quatres Jurés & au Doyen, au Meneur qui sera pris suivant l'ordre du Tableau, chacun quatre livres & deux Jettons des quarante au marc, & aux douze Anciens qui seront appellez ausdites Receptions, quarante sols chacun & un Jetton, & aux quatre Modernes & deux Jeunes dix sols chacun & un Jetton, pour le droit de présence, & au Clerc sera payé pareils droits qu'ausdits quatre Jurés, avec défenses ausdits Jurés, Anciens, Modernes & Jeunes Maîtres, d'exiger plus grands droits ni aucuns repas dont les Jettons tiendront lieu, & aux Recipiendaires de les donner, à peine de trois cent livres d'amende, & d'être déchus de la Maîtrise. Que les Fils de Maîtres payeront soixante-dix liv. au lieu de soixante livres, & la moitié des droits ci-dessus & pareil nombre de Jettons des cinquante au marc seulement. Que les Gendres de Maîtres payeront cent livres au lieu de quatre-vingt dix livres, avec les mêmes droits & Jettons que les Fils de Maîtres. Et sur le second objet ladite Communauté en confirmant le pouvoir qui a été donné aux Jurés en Charge par la Délibération du 7 du présent mois, les autorise pareillement à payer & avancer tous les deniers nécessaires, frais & faux frais extraordinaires qui seront indispensables pour parvenir à l'emprunt desdits huit mille liv. & pour l'obtention de l'Arrêt à intervenir, de laquelle dépense lesdits Jurés donneront un état qu'ils affirmeront véritable en une Assemblée de la Communauté & dont ils seront crus, attendu qu'il y a plusieurs sommes à débourser dont on ne peut tirer de quittance, laquelle dépense leur sera allouée sans difficulté en leur compte.

Comme aussi il a été arrêté que les deux derniers Jurez sortis de Charge auront à chaque Maîtrise pendant leur année, les même droits que les Anciens mentionnez en la présente Délibération, lesquels se prêteront avec les Jurez en Charge à vaquer aux affaires de la Communauté. Fait & arrêté audit Bureau lesdit jour & an que dessus, & ont signé, Controllé à Paris le 12 Juillet mil sept cens quarante cinq, signé Blondelu, Dubois, Ligois, Arnoult Heron, Cheron, Lebas, Jacquin Pilon, Cœurderoy, J. S. Maugé, Lecouffet, Lenfant, Marneuf, Hardy, Villain, Lemaire, Petit, Nicolas Arnould, Durand, Gobert, le Clerc, Mortillon, Lamiral, Duvivier, Lecesne, Capelain,

Jean le Pape, Perard, Touroude, Louis Jean, Charpentier, Legrand, Jean François Dubois, Rabut, D. Lenfant, Cheron, Perichon, Thierri l'aîné, Gambier, Cheron, Dubois, Sellier, Daoust, J. Delahaye, Fauquet, Dhiboust, Hanique, A. Grogniet, Royauton, Pasque, Menessier, Maugé, Jean-Louis Couder, Cottelle, Charbonnier, Adveille, Hirault, Hirault, Perard Passevin Moranvilliere, Edme Bordevier, P. Baron, Nicolas Germain Ferret, Barbier, G. Boulanger, Pierre Caron, P. Benoist, Nicolas Collié, Barbier, Tricot, Boulangé, Guerard, Baubry, Vast Gillot, Dubois le jeune, Lallement, Capelan, Perot, Adry, P. R. Zeude, Ledoux, le Clerc, J. B. Malvaux, J. Lecoufflet, Demellier, Boudet, Mary, Louis-Thomas Lenfant, Maron, Demellier, Paris, Morel, Santier, N. Didelot, Ponthieu, Darras, Pochard, Hebert, Pinaudier, Ch. Pinaudier, Dubois, le Beuf, le Beuf, Lafaye, Lafosse, Masson, C. F. Hanique, Duban, Jean-Baptiste Dubaux, Louis Lecoufflet, Piette, Piette, Jouannette, Merville, N. J. Deslandre, Petit, Cl. Ch. Moreau, Royer, N. le Beuf, A. L. Charié, Charié, Morel, Durand, Alexis Durand, Bonfilliou, Manglard, Hizay, Valois, Parmentier, Bunelle, Genard, Grullé, Godin, Hyon, Beuzeville, Nicolas Demellier, Charié, Ricard, Fossé, J. Leroux, Pin, Piette, J. F. Gambier, Jean Bary, Perard, J. Chrétien, Lebrun, Magny, Coquillot, Petitpas, Durand, Marguillier, Ligé, F. Wallet, Boudin fils, Franchet, Autin, Bouboutet, Gresy, Gaudin, Tonnaux, Jolivet, Lebas, Cochin, J. L. Lacombe, Vilfranche, Drocour, Angot, Hubert, Brullé, N. Autin, Lecesne, F. M. Harlau,

Dubaux, J. B. Autin, P. Boudin, Pilon, Rousseau, P. Malvaux, Meslin, Cottelle, Duclon, Maurer, Lefranc, Franchet. *Et au bas est écrit*, Contrôlé à Paris le douze Juillet mil sept cent quarante-cinq. *Signé* BLONDELU.

Sentence d'homologation de la susdite Délibération.

A Tous ceux qui ces présentes Lettres verront, Gabriel-Jerôme de Bullion, Chevalier Comte d'Esclimont, Seigneur de Wideville & autres lieux, Maréchal des Camps & Armées du Roi, son Conseiller en ses Conseils, Prévôt de Paris. Salut sçavoir faisons, que vû par Nous Claude-Henry Feydeau de Marville, Chevalier Conseiller du Roy en ses Conseils, Maître des Requête ordinaire de son Hôtel, Lieutenant Général de Police de la Ville, Prévosté & Vicomté de Paris, Expédition de la Délibération de la Communauté des Maîtres Doreurs à Paris, du douze Juillet mil sept cent quarante-cinq, collationné par Gillet & de la Manches, Notaires au Châtelet de Paris, duement controllée par Blondelu, & la Requête à Nous présentée par les Jurés en Charge de ladite Communauté des Maîtres Doreurs, Argenteurs, Damasquineurs, Cizeleurs & Enjoliveurs sur tous Métaux de la Ville & Fauxbourgs de Paris, tendante à ce qu'il nous plût homologuer ladite Délibération pour être executée selon sa forme & teneur; ladite Requête signée Formentin Procureur. Au bas de laquelle est notre Ordonnance de soit communiqué au Procureur du Roy, en datte du dix-sept Août mil sept cent quarante cinq. Conclusions dudit Procureur du Roy étant ensuite, en datte du dix-neuf dudit mois & le tout vû & consideré. Nous ouy sur ce le Procureur du Roy en ses conclusions ordonnons que ladite Délibération est demeurera homologuée pour être exécutée selon sa forme & teneur, ce qui sera exécuté nonobstant & sans préjudice de l'appel. En temoin de ce Nous avons fait sceller ces présentes. Ce fut fait & donné par Nous Juge susdit le vingt un Août mil sept cent quarante-cinq, & délivrée pour seconde grosse le trente dudit mois d'Août mil sept cent quarante cinq. Collationné avec paraphe. Seconde Expédition, *Signé*, MENARD, DE BEAUVAIS, & scellé le trente Août mil sept cent quarante-cinq. Reçu trente sols.

Signé SAUVAGE.

Arrêt du Conseil d'Etat du Roi, portant réunion au profit de la Communauté des Maîtres Ciseleurs, Doreurs, Argenteurs, Damasquineurs & Enjoliveurs sur fer, fonte, cuivre & autres Métaux, de la Ville & Fauxbourgs de Paris, des Offices d'Inspecteurs & Contrôleurs des Maîtres & Gardes dans les Corps des Marchands, & des Jurés dans les Communautés d'Arts & Métiers, & nouveau Reglement pour les Maîtrises & apprentissages.

Donné à Versailles le 21 Septembre 1745.

Extrait des Registres du Conseil d'État.

SUR la Requête présentée au Roi en son Conseil par les Jurés en Charge & Communauté des Maîtres Ciseleurs, Doreurs, Argenteurs, Damasquineurs & Enjoliveurs sur fer, fonte, cuivre & autres Métaux, de la Ville & Fauxbourgs de Paris ; contenant que Sa Majesté ayant créé par Edit du mois de Février mil sept cent quarante-cinq, les Offices d'Inspecteurs & Contrôleurs des Maîtres & Gardes dans les Corps des Marchands, & des Jurés dans les Communautés d'Arts & Métiers du Royaume, il a été permis ausdits Corps & Communauté de réunir chacun en droit soi lesdits Offices d'Inspecteurs & Contrôleurs dont la Finance a été taxée par un Rôle arrêté au Conseil, où la Communauté des Supplians ſe trouve compriſe pour la ſomme de huit mille livres, en exécution deſquels Edit & Rôle ladite Communauté pour marquer ſon entiere obéïſſance aux volontez de Sa Majeſté, & eſperant une modération ſur ſes remontrances, a fait ſa ſoumiſſion de payer pour la réunion deſdits Offices d'Inſpecteurs & Contrôleurs à celui qui ſeroit préposé pour recevoir le prix de la Finance deſdits Offices ladite ſomme en trois payemens égaux, ſçavoir le premier dans le courant du mois de Juin, le ſecond dans le mois d'Octobre, & le troiſiéme dans le courant du mois de Décembre de la préſente année. Mais la Communauté des Sulpplians ſe trouvant ſans aucuns fonds, & étant dans l'impuiſſance par le malheur des tems de fournir par elle-même cette ſomme, elle eſt obligée d'emprunter pour ſatisfaire à ſa ſoumiſſion, & a beſoin de ſecours pour faciliter ſon emprunt, & payer aux écheances les arrérages de rentes qui en réſulteront; le ſecours qui a paru le moins à charge à la Communauté s'offre naturellement en augmentant la réception des Maîtres, les droits d'enregiſtrement des Brevets d'apprentiſſage & tranſports d'iceux, & en permettant à la Communauté de recevoir à l'avenir douze Maîtres sans qualité; les Compagnons devenant encore rares dans la Communauté, il paroît néceſſaire que les Maîtres puiſſent avoir un Apprentif tous les cinq ans au lieu de dix portés par les Statuts du mois de Mars mil ſix cent ſept, mais la Communauté ne peut jouir de ces avantages ſans y être autoriſée par Sa Majeſté; requerant à ces cauſes qu'il plaiſe à Sa Majeſté ordonner qu'en payant par ladite Communauté ſuivant la ſoumiſſion des

Jurés en Charge, entre les mains du Tréſorier des revenus caſuels, la ſomme de huit mille livres dans les termes indiquez par ladite ſoumiſſion ; les Offices d'Inſpecteurs & Contrôleurs des Jurés de leurdite Communauté créez par l'Edit du mois de Février dernier, ſeront & demeureront réunis à ladite Communauté, pour par elle jouir des gages, droits & prérogatives attribuez par ledit Edit auſdits Offices, dont les fonctions ſeront exercées par les Jurés ſucceſſivement en Charge, ſans que ladite Communauté ſoit tenue de payer les deux ſols pour livre de ladite ſomme, dont il plaira à Sa Majeſté de lui faire don & remiſe ; permettre à ladite Communauté pour lui faciliter le payement de la finance deſdits Offices, d'emprunter ladite ſomme de huit mille livres, d'affecter & hipotequer au profit de ceux qui prêteront leurs deniers, les gages & droits attribuez auſdits Offices, enſemble ſes autres biens & revenus, & de paſſer à cet effet tous contrats de conſtitution ſur ce néceſſaires, ſans retenus de dixiéme, & pour mettre la Communauté en état de rembourſer ladite ſomme de huit mille livres & de payer les arrérages des rentes que cet emprunt cauſera ; permettre à ladite Communauté de recevoir douze Maîtres ſans qualité, à raiſon de ſix cent livres chacun pour être ladite ſomme remiſe dans le Coffre de ladite Communauté, non compris les droits de préſence des Jurés, Anciens & autres Maîtres qui ſeront appellez auſdites réceptions, conformément à la Déliberation de la Communauté du douze Juillet préſent mois, auſquels ſeront payez les droits fixez par l'article deux de la Déclaration du 2 Janvier 1706, & ladite Déliberation qui ſera exécutée ſelon ſa forme & teneur; enſemble les frais de la Lettre de Maîtriſe & droit de l'Hôpital; à la charge cependant que leſdits Maîtres ſans qualité qui ſe préſenteront à la Maîtriſe ſeront agréez par les Jurés en Charge; ordonner en outre que les Maîtres qui ſeront reçûs en qualité d'apprentifs & par Chef-d'œuvre & les fils de Maîtres nez avant la Maîtriſe de leur pere, payeront au profit de la Communauté, chacun la ſomme de trois cent livres, au lieu de celle de cent quatre vingt dix livres qu'ils payoient ci-devant, que les Fils de Maîtres nez depuis la Maîtriſe de leurs peres payeront ſoixante dix livres, au lieu de ſoixante livres, & les Gendres de Maîtres payeront chacun cent livres, au lieu de quatre-vingt dix livres, non compris dans leſdites ſommes ci-deſſus ſpecifiées pour leſdits Maîtres par Chef-d'œuvre, Fils de Maîtres nez avant la Maîtriſe de leurs peres, ceux nez depuis la Maîtriſe & les Gendres de Maîtres, les droits fixés pour chacune deſdites Réceptions par ladite Déliberation du douze Juillet mil ſept cent quarante-cinq, ordonner que les Chefs-d'œuvres auſquels ceux des aſpirans à la Maîtriſe ſeront tenus, leur ſeront donné par les Jurés en Charge, & du conſentement des douze Anciens appellez aux Receptions; comme auſſi ordonner qu'il ſera payé pour les droits de chaque Brevet d'apprentiſſage ou tranſport d'iceux, trente livres, au lieu de vingt livres, dont il appartiendra trente ſols à chaque Juré, le ſurplus au profit de la Communauté; tous leſquels droits pour les Maîtriſes & Brevets d'apprentiſſage ſeront payez tant par les Maîtres & Apprentifs reçus depuis le premier Avril mil ſept cent quarante-cinq, que par ceux qui le ſeront à l'avenir; ordonner qu'il ſera payé aux Jurés par tous les Maîtres & Veuves de Maîtres, dix sols par chacune des quatres Visites, suivant l'Edit du mois de Mars 1691, au moyen desquelles augmentations de Maîtrises & de Brevets d'apprentissage le droit de Visite établi par l'Edit du mois de Février dernier demeurera éteint & supprimé : permettre en outre ausdits Maîtres de faire un Apprentif de cinq ans en cinq ans, dérogeant à cet égard à l'article vingt-deux des Statuts de la Communauté de 1607, & ordonner que les Apprentifs après avoir fait cinq années d'apprentissage seront tenus de servir les Maîtres pendant pareil tems avant de pouvoir parvenir à la Maîtrise, & dans le cas où il y auroit des Fils de Maîtres qui seroient présenté à la Maîtrise par leurs peres, ordonner qu'ils ne pourront ouvrir Boutique & faire commerce avant l'âge de seize ans,& après avoir subi l'examen de legere expérience; ordonne que ceux des Maîtres qui prêteront à leur Communauté seront payez des arrérages de la rente qui leur sera constituée, & qu'elle leur sera même remboursée lorsqu'il y aura des fonds dans ladite Communauté, sans que sous prétexte de revision de comptes faits ou à faire, le payement des arrérages ni le remboursement du fonds puissent être arrêté ni suspendus, à l'effet dequoi il sera rendu compte chaque année par le Juré Comptable lors de la reddition de son compte de Jurande, du produit desd. augmentations de droits de Maîtrise, de Brevets d'apprentissage, à laquelle reddition de compte de Jurande seront appellé les Anciens; ordonner au surplus que les Statuts & Reglemens concernant ladite Communauté, seront executez selon leur forme & teneur, & que sur l'Arrêt qui interviendra sur la présente Requête, toutes Lettres Patentes néceſſaires ſeront expediées. Vû ladite Requête ſignée Hecquard Avocat des Supplians. Leurs Statuts du mois de Mars 1607. L'Edit du mois de Mars 1691. La Déclaration du 2 Janvier 1706. La ſoumiſſion de ladite Communauté, du 17 Mai dernier, la Délibération de ladite Communauté, des 7 & 12 Juillet 1745. Oui le Rapport du ſieur Orry, Conſeiller d'Etat ordinaire & au Conſeil Royal, Contrôleur Général des Finannances. LE ROY EN SON CONSEIL, a agrée & reçû la ſoumiſſion faite par les Maîtres Doreurs de la Ville & Fauxbourgs de Paris, de payer la ſomme de huit mille livres pour la réunion des Offices d'Inſpecteurs & Contrôleurs des Jurés crées dans leur Communauté par Edit du mois de Février dernier, en conſéquence a ordonné & ordonne qu'en payant leſdits huit mille livres dans les termes énoncés dans ladite ſoumiſſion, leſdits Offices ſeront & demeureront réunis à ladite Communauté, pour par elle jouir des gages, droits & prérogatives y attribuée, ſans qu'elle ſoit tenue de payer les deux ſols pour liv. de ladite ſomme, dont Sa Majeſté lui a fait don & remiſe, permet Sa Majeſté à ladite Communauté pour lui faciliter le payement de la Finance deſdits Offices, d'emprunter ladite ſomme de huit mille livres, d'affecter & hypotéquer au profit de ceux qui prêteront leurs deniers, les gages & droits attribués par ledit Edit, enſemble ſes autres biens & revenus, & de paſſer à cet effet tous Contrats de conſtitution néceſſaires ; & pour mettre ladite Communauté en état de ſe liberer & de rembourſer par la ſuite les ſommes qu'elle aura empruntées, lui permet Sa Majeſté de recevoir douze Maîtres ſans qualité, en payant chacun la ſomme de ſix cens livres, non compris les frais de la Lettre de Maîtrise, droits de l'Hôpital & les droits de présence des Jurés, Anciens & autres Maîtres qui seront appellés ausdites Réceptions: A la charge cependant que lesdits Maîtres sans qualité seront agrées par les Jurés en Charges: Ordonne Sa Majesté que les Maîtres qui seront reçus en qualité d'Apprentifs & par Chef-d'œuvre & les Fils de Maîtres nés avant la Maîtrise de leur pere, payeront au profit de la Communauté la somme de trois cent livres chacun, au lieu de celle de cent quatre vingt-dix livres, que ceux nés depuis la Maîtrise de leur pere payeront soixante-dix livres au lieu de soixante livres, & les Gendres de Maîtres cent livres au lieu de quatre vingt-dix livres; le tout non compris les frais de la Lettre de Maîtrise, droits de l'Hôpital & les droits de présence des Jurés, Anciens & autres Maîtres. Que les Chefs-d'œuvres seront donnés par les Jurés en Charge, & du consentement des douze Anciens appellés aux Réceptions. Qu'il sera payé pour chaque Brevet d'apprentissage, ou transport de Brevet, trente livres au lieu de vingt livres, dont il en appartiendra trente sols à chaque Juré, & le surplus à la Communauté; tous lesquels droits pour les Réceptions à la Maîtrise & Brevets d'apprentissage seront payés, tant par les Maîtres & Apprentifs reçus depuis le premier Avril mil sept cent quarante-cinq, que par ceux qui le seront à l'avenir, & seront pareillement affectés & hypotéqués au payement des arrérages des rentes crées pour raison de l'emprunt desdits huit mille livres, même employés au remboursement de portion des principaux à mesure qu'il y aura des fonds, à l'effet dequoi les Jurés successivement en Charge seront tenus de rendre compte lors de la reddition de leur compte de Jurande, à laquelle seront appellés tous les Anciens, ainsi que du produit des gages & droits attribuez ausdits Offices réunis; Ordonne en outre Sa Majesté, qu'il sera payé par tous les Maîtres & Veuves de la Communauté dix sols par chacunes des quatre visites qui se font tous les ans, conformémement à l'Edit du mois de Mars 1691, au moyen dequoi le droit de visite établi par l'Edit du mois de Février dernier demeurera éteint & supprimé. Permet Sa Majesté ausdits Maîtres de faire un Apprentif de cinq ans en cinq ans, dérogeant à cet égard à l'article vingt-deux des Statuts de la Communauté de mil six cent sept. Seront tenus lesdits Apprentifs après leurs cinq années d'apprentissage, de servir les Maîtres pendant pareil tems avant de pouvoir parvenir à la Maîtrise, & dans le cas où il y auroit des Fils de Maîtres qui seroient présentés à la Maitrise par leurs peres, ordonne Sa Majesté qu'ils ne pourront ouvrir Boutique avant l'âge de seize ans, & qu'après avoir subi l'examen de légere experience. Veut Sa Majesté que les arrérages de ceux des Maîtres qui auront prêté à leur Communauté ne puissent être saisis & arrêtés, ni le remboursement suspendu lorsqu'il y aura des fonds, sous prétexte de la révision de leur comptes de Jurande, dérogeant en tant que besoin est pour ce regard seulement, à l'Arrêt du Conseil du 28 Mars 1730. Seront au surplus les Statuts & Reglemens concernant ladite Communauté, ensemble la Délibération du douze Juillet dernier homologuée par Sentence de Police du vingt-un Août suivant, executez selon leur forme & teneur, à l'effet de quoi ladite Déliberation sera & demeurera annexée à la minute du présent Arrêt. Fait au Conseil d'Etat du Roi, tenu à Versailles, le vingt-un Septembre mil sept cent quarante-cinq. *Signé* DE VOUGNY, avec paraphe. Collationé avec paraphe.

Arrêt du Conseil d'Etat du Roi, portant que Lettres Patentes seront expediées sur celui du 21 Septembre précédent.

Donné à Fontainebleau le 2 Novembre 1745.

Extrait des Registres du Conseil d'État.

SUR la Requête présentée au Roi en son Conseil par les Jurés en Charge & Communauté des Maîtres Ciseleurs, Doreurs, Argenteurs, Damasquineurs & Enjoliveurs sur fer, fonte, cuivre & autres métaux, de la Ville & Fauxbourgs de Paris, contenant que par Arrêt du Conseil d'Etat du vingt-un Septembre mil sept cent quarante-cinq, portant réunion à leur Communauté des Offices d'Inspecteurs & Contrôleurs crées par Edit du mois de Février dernier, il a été permis entr'autres aux Maîtres de ladite Communauté de faire un Apprentif de cinq ans en cinq ans, au lieu de dix portés par leurs Statuts du mois de Mars 1607; à l'effet de quoi il a dérogé à cet égard à l'article 22 desdits Statuts. Le même Arrêt renferme plusieurs autres dispositions, concernant la regie & le bon ordre de leur Communauté, ce qui auroit déterminé les Supplians de demander par la Requête sur lequel il est intervenu, que toutes Lettres Patentes nécessaires fussent expediées sur icelui, afin de les faire enregistrer au Parlement, & rendre le Reglement porté par cet Arrêt plus autentique; Mais il a été obmis de le prononcer, ce qui oblige les Supplians d'implorer l'autorité Souveraine pour leur être sur ce pourvû, requerant à ces causes qu'il plaise à Sa Majesté ordonner que sur l'Arrêt de son Conseil du vingt-un Septembre mil sept cent quarante-cinq toutes Lettres Patentes nécessaires seront expediées. Vû ladite Requête signée Hecquard, Avocat des Supplians. L'Arrêt du Conseil d'Etat du vingt un Septembre dernier. Oui le Rapport du sieur Orry Conseiller d'Etat & au Conseil Royal, Contrôleur General des Finances. SA MAJESTE' EN SON CONSEIL, a ordonné & ordonne, que sur l'Arrêt de son Conseil d'Etat du vingt-uniéme Septembre mil sept cent quarante-cinq toutes Lettres Patentes nécessaires seront expediées. Fait au Conseil d'Etat du Roi, tenu à Fontainebleau le deuxiéme jour du mois de Novembre mil sept cent quarante-cinq. Collationé. *Signé* DE VOUGNY, avec paraphe.

Lettres

Lettres Patentes sur l'Arrêt du 21 Septembre 1745, rendu au profit de la Communauté des Maîtres Doreurs.

Données à Fontainebleau le 18 Novemb. 1745.

Extrait des Regiſtres du Conſeil d'État.

LOUIS par la Grace de Dieu Roi de France & de Navarre : A Nos amez & feaux Conſeillers les Gens tenans notre Cour de Parlement & Chambres des Comptes à Paris ; Salut. Les Jurés en Charge & Communauté des Maîtres Cizeleurs, Doreurs, Argenteurs, Damaſquineurs & Enjoliveurs ſur fer, fonte, cuivre & autres métaux, de la Ville & Fauxbourgs de Paris, Nous ont fait repréſenter qu'ayant crée par Edit du mois de Février dernier les Offices d'Inſpecteurs & Contrôleurs des Maîtres & Gardes dans les Corps des Marchands, & des Jurés dans les Communautés d'Arts & Métiers du Royaume. Nous avons permis auſdits Corps & Communautés de réunir chacun en droit ſoit leſdits Offices, dont la Finance a été fixée par un rolle arrêté au Conſeil où la Communauté des Expoſans ſe trouve compriſe pour la ſomme de huit mille livres, ladite Communauté pour nous marquer ſon entie e obéiſſance, a fait ſa ſoumiſſion de payer pour la réunion deſdits Offices d Inſpecteurs & Contrôleurs à celui qui ſeroit prépoſé pour recevoir le prix de la Finance deſdits Offices, la ſomme de huit mille livres en trois payemens égaux ; mais ſe trouvant ſans aucuns fonds & dans l'impuiſſance de fournir par elle-même cettte ſomme, elle eſt obligée d'emprunter & à beſoin de ſecours, pour faciliter ſon emprunt & payer aux échéances les arrérages des rentes qui en réſulteront ; l'expédient qui a paru le moins à charge à la Communauté eſt d'augmenter la Réception des Maîtres, les droits d'enregiſtrement des Brevets d'apprentiſſages & tranſports d'iceux, & de permettre à la Communauté de recevoir à l'avenir douze Maîtres ſans qualité, & attendu la rareté des Compagnons, que les Maîtres puiſſent avoir un Apprentifs tous les cinq ans au lieu de dix qu'il eſt porté par les Statuts du mois de Mars 1607, ce qui ne pouvant avoir lieu ſans notre autorité, les Expoſans ont préſenté Requête en notre Conſeil, où il eſt intervenu Arrêt le vingt-un Septembre dernier, ſur lequel nous avons ordonné par autre Arrêt du deux du préſent mois, que toutes Lettres Patentes néceſſaires ſeroient expédiées. A ces cauſes, voulant favorablement traiter les Expoſans, de l'avis de notre Conſeil qui a vû leſdits Arrêts des vingt-un Septembre & deux Novembre mil ſept cent quarante-cinq, cy attachés ſous le contre-ſcel de notre Chancellerie. Nous avons de notre grace ſpeciale, pleine puiſſance & autorité Royale, agrée, reçu, agréons & recevons par ces préſentes ſignées de notre main, la ſoumiſſion faite par les Maîtres Doreurs de la Ville & Fauxbourgs de Paris, de payer la ſomme de huit mille livres pour la réunion des Offices d'Inſpecteurs & Contrôleurs des Jurès crées dans leur Communauté par l'Edit du mois de Février dernier, en conſéquence, ordonnons qu'en payant leſdits huit mille livres dans les termes énoncés dans ladite ſoumiſſion, leſdits Offices ſeront & demeureront réunis à ladite Communauté, pour par elle jouir des gages droits & prérogatives y attribués, ſans qu'elle ſoit tenue de payer les deux ſols pour livre de ladite ſomme dont Nous lui avons fait don & remiſe Permettons à ladite Communauté pour lui faciliter le payement de la Finance deſdits Offices d'emprunter ladite ſomme de huit mille livres, d'affecter & hypotéquer au profit de ceux qui preteront leurs deniers, les gages & droits attribués par ledit Edit, enſemble ſes autres biens & revenus, & de paſſer à cet effet tous Contrats de conſtitution néceſſaire, & pour mettre ladite Communauté en état de ſe liberer & de rembourſer par la ſuite les ſommes qu'elle aura empruntées, lui permettons de recevoir douze Maîtres ſans qualité, en payant chacun la ſomme de ſix cent livres, non compris les frais de la Lettre de Maîtriſe, droits de l'Hôpital & les droits de préſence des Jurés, Anciens & autres Maîtres qui ſeront appellés auſdites Réceptions ; à la charge cependant que leſdits Maîtres ſans qualité ſeront agrées par les Jurés en Charge. Ordonnons que les Maîtres qui ſeront reçus en qualité d'Apprentiſs & par Chef d'œuvre, & les fils de Maîtres nés avant la Maîtriſe de leur pere, payeront au profit de la Communauté la ſomme de trois cent livres chacun, au lieu de celle de cent quatre-vingt-dix livres, que ceux nés depuis la Maîtriſe de leur pere payeront ſoixante-dix-livres, au lieu de ſoixante livres, & les Gendres de Maîtres cent livres, au lieu de quatre-vingt-dix livres ; le tout non compris les frais de la Lettre de Maîtriſe, droits de l'Hôpital & les droits de préſence des

Jurés, Anciens & autres Maîtres. Que les Chefs-d'œuvres seront donné par les Jurés en Charge & du consentement des douze Anciens appellés aux Réceptions. Qu'il sera payé pour chaque Brevet d'apprentissage ou transport de Brevet, trente livres au lieu de vingt livres, dont il en appartient trente sols à chaque Juré & le surplus à la Communauté; tous lesquels droits pour les Réceptions à la Maîtrise & Brevets d'apprentissage seront payez, tant par les Maîtres & Apprentifs reçus depuis le premier Avril mil sept cent quarante-cinq, que par ceux qui le seront à l'avenir; & seront pareillement affectés & hypotequés au payement des arrérages des rentes créées pour raison de l'emprunt desdits huit mille livres, même employez au remboursement de portion des principaux à mesure qu'il y aura des fonds: à l'effet de quoi les Jurés successivement en Charge seront tenus d'en rendre compte lors de la reddition de leur compte de Jurande, à laquelle seront appellé tous les Anciens, ainsi que du produit des gages & droits attribués ausdits Offices réunis. Ordonnons en outre, qu'il sera payé par tous les Maîtres & Veuves de la Communauté, dix sols par chacune des quatre visite qui se font tous les ans, conformément à l'Edit du mois de Mars 1691. au moyen de quoi le droit de visite établi par l'Edit du mois de Février demeurera éteint & supprimé. Permettons ausdits Maîtres de faire un Apprentif de cinq ans en cinq ans, dérogeant à cet égard à l'article vingt-deux des Statuts de la Communauté de 1607; seront tenus lesdits apprentifs après leurs cinq années d'apprentissages de servir les Maîtres pendant pareil tems avant de pouvoir parvenir à la Maîtrise, & dans le cas où il y auroit des fils de Maîtres qui seroient présentés à la Maîtrise par leur pere, ordonnons qu'ils ne pourront ouvrir Boutique avant l'âge de 16 ans, & qu'après avoir subi l'examen de legere experience. Voulons que les arrérages de ceux des Maîtres qui auront prêté à leur Communauté ne puissent être saisis ni arrêtés, ni le remboursement suspendu lorsqu'il y aura des fonds, sous prêtexte de la révision de leurs comptes de Jurande, dérogeant en tant que besoin est & pour ce regard seulement, à l'Arrêt du Conseil du 28 Mars 1730. seront au surplus les Statuts & Reglemens concernant la Communauté, ensemble la Déliberation du douze Juillet dernier homologuée par Sentence de Police du 21 Août suivant, exécutée selon leur forme & teneur; à l'effet de quoi ladite Déliberation sera & demeurera annexée à la minute dudit Arrêt du vingt-un Septembre dernier. Si vous mandons que ces présentes vous ayez à faire registrer, & le contenu en icelles garder observer & excuter selon leur forme & teneur, cessant & faisant cesser tous troubles & empêchemens & nonobstant toutes choses à ce contraires. Car tel est notre plaisir. Donné à Fontainebleau le dix-huitiéme jour de Novembre l'an de grace mil sept cent quarante-cinq, & de notre regne le trente-uniéme. *Signé* LOUIS. Et plus bas par le Roi PHELYPEAUX. Et scellé du grand sceau de cire jaune.

Et plus bas est écrit Registrées, oui le Procureur Général du Roi, pour jouir par les Impetrans & ceux qui leur succederont dans ladite Communauté, de leur effet & contenu, & être exécutees selon leur forme & teneur, aux charges, clauses & condi ti portées par l'Arrêt de ce jour. A Paris en Parlement le vingt-neuf Décembre mil sept cent quarante-cinq. Signé DU FRANC, *avec paraphe.*

Arrêt de la Cour de Parlement qui ordonne l'enregistrement des Lettres Patentes du Roy du 29 Décembre mil sept cent quarante-cinq.

EXTRAIT DES REGISTRES DE PARLEMENT.

VEu par la Cour les Lettres Patentes du Roi Fontainebleau le dix-huit Novembre mil sept cent quarante-cinq, signées LOUIS; & plus bas PHELIPEAUX, & scellées du grand Seau de cire jaune, obtenues par les Jurés en Charge & Communauté des Maîtres Cizeleurs, Doreurs, Argenteur, Damasquineurs & Enjoliveurs sur fer, fonte, cuivre & autres métaux de la Ville & Fauxbourgs de Paris, par lesquelles, pour les causes y contenues, ledit Seigneur Roi auroit agréé & reçu la soumission faite par les Impetrans, de payer la somme de huit mille livres pour la réunion des Offices d'Inspecteurs & Contrôleurs des Jurés crées dans leur Communauté par Edit du mois de Février mil sept cent quarante-cinq, en conséquence auroit ordonné qu'en payant lesdits huit mille livres dans les termes énoncés dans ladite soumission, lesdits Offices seroient & demeureroient réunis à ladite Communauté, pour par elle jouir des gages droits & prérogatives y attribués sans qu'elle soit tenue de payer les deux sols pour livre de ladite somme dont ledit Seigneur lui auroit fait don & remise, permettant à ladite Communauté pour lui faciliter le payement de la Finance desdits Offices, d'emprunter ladite somme de huit mille livres, d'affecter & hypotéquer au profit de ceux qui prêteront leurs deniers, les gages & droits attribués par ledit Edit ensemble ses autres biens & revenus, & de passer à cet effet tous Contrats de constitution nécessaire, & pour mettre ladite Communauté en état de se liberer & de rembourser par la suite les sommes qu'elle auroit empruntées, lui auroit permis de recevoir douze Maîtres sans qualité, en payant chacun la somme de six cent livres, non compris les frais de la Lettre de Maîtrise, droit de l'Hôpital & les droits de présence des Jurés, Anciens & autres Maîtres qui seroient appellés ausdites Réceptions, à la charge cependant que lesdits Maîtres sans qualité seroient agrées par les Jurés en Charge, auroit ordonné que les Maîtres qui seroient reçûs en qualité d'Apprentifs & par Chef-d'œuvre, & les fils de Maître nés avant la Maîtrise de leur pere, payeroient au profit de la Communauté la somme de trois cent livres chacun, au lieu de celle de cent quatre-vingt dix-livres; que ceux nés depuis la Maîtrise de leur pere payeroient soixante-dix livres, au lieu de soixante livres, & les Gendres de Maîtres cent livres au lieu de quatre-vingt dix livres, le tout non compris la Lettre de Maîtrise, droit de l'Hopital & les droits de présence desdits Jurés, Anciens & autres Maîtres, que les Chef-d'œuvres seroient donnée par les Jurés en Charge, & du consentement des douze Anciens appellés ausdites Receptions, qu'il sera payé pour chaque Brevet d'apprentissage trente livres, au lieu de vingt, dont il appartiendra trente sols à chaque Juré, & le surplus à la Communauté; tous ces droits pour les

Receptions à la Maîtrise & Brevets d'apprentissage seront payez, tant par les Maîtres & apprentifs reçus depuis le premier Avril mil sept cent quarante cinq, que par ceux qui le seroient à l'avenir, & seroient pareillement affecté & hypotequé au payement des arrérages des rentes créées pour raison de l'emprunt desdits huit mille liv. même employé au remboursement de portion des principaux, à mesure qu'il y aura des fonds; à l'effet de quoi les Jurés successivement en Charge, seroient tenus de rendre compte lors de la reddition de leur compte de Jurande, à laquelle seroient appellé tous les Anciens, ainsi que du produit des gages & des droits attribuez ausdits Offices réunis : auroit ordonné en outre qu'il seroit payé par tous les Maîtres & Veuves de la Communauté, dix sols par chacune des quatre Visites qui se font tous les ans, conformément à l'Edit du mois de Mars 1671, au moyen de quoi le droit de visite établi par l'Edit du mois de Février dernier demeureroit éteint & supprimé, permettant ausdits Maîtres de faire un apprentif de cinq ans en cinq ans, dérogeant à cet égard à l'article vingt-deux des Statuts de ladite Communauté de 1607, seroient tenus lesdits apprentifs après leur cinq années d'apprentissage de servir les Maîtres pendant pareils tems avant de pouvoir parvenir à la Maîtrise, & dans le cas où il y auroit des Fils de Maîtres qui seroient présentés à la Maîtrise par leurs peres, auroit ordonné qu'ils ne pourroient ouvrir boutique avant l'âge de seize ans, & qu'après avoir subi l'examen de légere expérience. Voulant que les arrérages de ceux des Maîtres qui auroient prêté à leur Communauté ne puissent être saisis & arrêtez, ni le remboursement suspendu lorsqu'il y aura des fonds, sous prétexte de la révision de leur compte de Jurande, dérogeant en tant que besoin est pour ce regard seulement, à l'Arrêt du Conseil du 28 Mars 1730. Que seroient au surplus les Statuts & Reglemens concernant ladite Communauté, ensemble la Déliberation du douze Juillet mil sept cent quarante-cinq, homologuée par Sentence de Police du vingt-uniéme Août suivant, exécuté selon leur forme & teneur; à l'effet de quoi ladite Déliberation seroit & demeureroit annexée à la minute dudit Arrêt du vingt-un Septembre dernier, ainsi qu'il est plus au long contenu esdites Lettres Patentes à la Cour addressantes L'Edit du Roi du mois de Février 1745. portant création d'Inspecteurs & Contrôleurs des Maîtres & Gardes dans les Corps des Marchands & des Inspecteurs & Contrôleurs des Jurés dans les Communautés d'Arts & Métiers du Royaume, Registré en la Cour le 19 Mars suivant audit an 1745. à condition que ledit Seigneur Roi seroit très humblement supplié au cas que les charges ne soient levées par les Communautés, de vouloir bien donner ses ordres ainsi qu'il l'auroit donné à entendre par sa réponse, pour que lesdites Charges ne soient levées que par gens capables & ayant une expérience suffisante dans l'Art ou la Marchandise de la Communauté dans laquelle ils acquereront lesdites Charges. Une opposition formée au Greffe de la Cour à l'enregistrement de toutes Lettres Patentes & Statuts qui pourroient être accordé à ladite Communauté desdits Impetrans, du premier Décembre 1736, à la Requête des Jurés en Charge de la Communauté des Maîtres Fondeurs en Terre & Sable, Sonnetiers, Ciſeleurs, Faiſeurs d'Inſtrumens de Mathématiques, ſignifiée au Procureur Général du Roi par exploit de Gadbois Huiſſier de la Cour, du onze dudit mois de Décembre 1736. Une ſignification faite au Procureur Général du Roi, par Exploit de Henry Griveau, Huiſſier de la Cour, du dix-huitiéme Décembre mil ſept cent quarante-cinq, à la Requête deſdits Jurés en Charge de la Communauté deſdits Maîtres Fondeurs, par laquelle ils auroient déclaré qu'ayant pris lecture deſdites Lettres Patentes accordées à la Communauté deſdits Impetrans, par rapport à icelles Lettres & pour les cauſes y exprimées ſeulement, ils n'entendoient point inciſter dans l'oppoſition par eux formée en 1736. entre les mains du Procureur Général du Roi, à l'enregiſtrement de toutes Lettres Patentes qui pourroient être accordées auſdits Impétrans, conſentant en tant que beſoin, que leſdites Lettres Patentes ſoient Regiſtrées, tant pour l'emprunt que pour la permiſſion de recevoir douze Maîtres ſans qualité, en payans chacun la ſomme de ſix cent livres, l'augmentation des droits des Aſpirans, & la permiſſion de faire un apprentif de cinq ans en cinq ans, entendant néanmoins que leur oppoſition ſubſiſte pour l'enregiſtrement de toutes les autres Lettres Patentes que ces préſentes, déclarant qu'ils n'entendoient point approuver la qualité priſe par leſdits Impetrans de Ciſeleurs ſur cuivre, fonte & autres métaux, ni la diſpoſition générale par laquelle on le fait ordonner indéfiniment par leſdites Lettres de l'exécution de leur Statuts, proteſtant que ladite qualité & diſpoſition général ne pourront nuire ni préjudier aux droits de leur Communauté, auſquels ils ne pourront porter préjudice, & pour raiſon deſquels ils faiſoient toutes réſerves & proteſtations néceſſaires, enſemble la Requête préſentée à la Cour par leſdits Impetrans, à fin d'enregiſtrement deſdites Lettres Patentes, Concluſions du Procureur Général du Roi. Oui le Rapport de Me Louis-Charles-Vincent de Salabery, Conſeiller : Tout conſideré. **La Cour** ordonne que leſdites Lettres Patentes ſeront regiſtrées au Greffe d'icelle, pour jouir par leſdits Impetrans ou ceux qui leur ſuccederont dans ladite Communauté, de l'effet & contenu en icelles & être exécutées ſelon ſa forme & teneur, ſans approbation de la perception du paſſé, des cent quatre vingt dix livres & ſoixante livres pour les Receptions & ſans que la qualité priſe par les Impetrans de Ciſeleurs ſur cuivre, fonte & métaux, ni pareillement la diſpoſition générale énoncée auſdites Lettres, par laquelle l'exécution des Statuts eſt ordonnée indéfiniment, puiſſe nuire ni préjudicier à la Communauté des Maîtres Fondeurs en Terre & Sable, Sonnetiers, Boſſetiers, Ciſeleurs & faiſeurs d'Inſtrumens de Mathématiques ; défenſes au contraire, & à la charge par leſdits Impetrans de faire rendre compte tous les ans par les Jurés de leur Communauté des droits nouveaux établis par leſdites Lettres & gages à elle attribué par l'Edit de 1745. enſemble du payement des arrérages de la ſomme de 8000 livres, même du rembourſement du principal ou partie d'icelui, ſuivant leſdites Lettres, & de rapporter en la Cour dans les ſix mois après l'écheance de chaque année, le compte qui aura dû être rendu. Seront pareillement tenus les Impetrans de rapporter en ladite Cour dans ſix mois du jour du préſent Arrêt, les comptes qui ont dû être rendus des droits qui leur ont été attribué par l'article trois de la Déclaration du premier Janvier 1706, à l'effet d'être employé suivant ledit article au payement des rentes & dettes de ladite Communauté, & jusqu'à ce surcis à la Reception des Maîtres sans qualité qu'il auroit été permis aux Impetrans de recevoir par l'article trois de ladite Déclaration, & à l'article premier de la Déliberation du 12 Juillet 1745, relatif à ladite Reception de Maîtres sans qualité comme aussi sans approbation de l'Arrêt énoncé dans lesdites Lettres, comme étant du 28 Mars 1730. Fait en Parlement le vingt-neuf Décembre mil sept cent quarante-cinq. Collationné *Signé* SANCEY & DU FRANC, avec paraphe.

Extrait du Régistre des Déliberations de la Communauté des Maîtres Ciseleurs, Doreurs, Argenteurs, Damasquineurs & Enjoliveurs de la Ville & Fauxbourgs de Paris.

Du Lundi 10 Janvier 1746. neuf heures du matin & par double assemblée trois heures de relevée.

LA Communauté extraordinairement assemblée & convoquée par Billets envoyés à tous les Maîtres qui la composent; les Jurés en Charge ont exposé, qu'en conséquence des Déliberations faites en ladite Communauté, les sept & douze Juillet dernier, celle du douze Juillet homologuée par Sentence de Police du 21 Août aussi dernier;

le ROY par Arrêt de ſon Conſeil d'Etat du vingt-un Septembre ſuivant, a agréé la ſoumiſſion de ladite Communauté pour la réunion des Offices d'Inſpecteurs & Controlleurs créés par Edit du mois de Février auſſi dernier, en payant la ſomme de huit mille livres mentionnée dans leſdites Déliberations, & permis à la Communauté d'emprunter ladite ſomme, de recevoir douze Maîtres ſans qualité; & par ledit Arrêt Sa Majeſté a fixé les droits des receptions des Maîtres, en qualité d'Apprentifs, & par Chefs-d'œuvres des fils de Maîtres nés avant la Maîtriſe de leurs peres, de ceux nés depuis la Maîtriſe, & des gendres de Maîtres, fixé les droits de Brevets d'apprentiſſage & tranſports de Brevets, Sa Majeſté a en outre permis par le même Arrêt, de faire des Apprentifs de cinq ans en cinq ans, & ordonné que les fils de Maîtres preſentés à la Maîtriſe, par leurs peres ne pourroient ouvrir boutique avant l'âge de ſeize ans, & que les Statuts & Reglemens concernant la Communauté, enſemble la Délibération du 12 Juillet dernier, homologuée par Sentence du 21 Août ſuivant ſeroient exécutés ſelon leur forme & teneur; que par autre Arrêt du Conſeil d'Etat du 2 Novembre dernier, le Roi a ordonné que celui dudit jour 21 Septembre précedent ſeroit executé, & que toutes Lettres Patentes néceſſaires ſeroient expédiées; qu'ils ont obtenu leſdites Lettres Patentes qui leur ont été accordées le 18 Novembre dernier, & que leſdites Lettres Patentes ont été régiſtrées au Parlement par Arrêt du 29 Decembre auſſi dernier. Que pour en donner connoiſſance à chacun des Maîtres de ladite Communauté ils l'ont fait aſſembler extraordinairement pour par eux prendre communication du tout, & à cette effet ladite Communauté assemblée, tant du matin que de relevée, lecture a été faite, du matin & de relevée, des deux Déliberations des sept & douze Juillet dernier, de la Sentence de Police du 21 Août dernier, desdits Arrêts du Conseil d'Etat des 21 Septembre & deux Novembre dernier, desdites Lettres Patentes du 18 dudit mois de Novembre, & de l'Arrêt d'enregistrement du 29 Decembre aussi dernier, pour être le tout executé, gardé, & observé en ladite Communauté, & que les Maîtres de ladite Communauté ayent à s'y conformer à l'avenir: Et après ladite lecture faite, les Jurés, Anciens, Modernes & Jeunes ont signé, à l'exception de Nicolas Renoux & André Lemaire, Anciens, François Perrin & François Serizet, Moderne & Jeune Maîtres de ladite Communauté, qui ont déclaré ne sçavoir & pouvoir signer, de ce interpellés: ainsi signé, J. J. Maugé, Lecesne, P. Baron, Rousseau, Barbier, Rabut, G Boulanger, Dubois, Cœurderoy, Cheron, Lebeuf, A. L. Charié, Jacquin, Lebas, Deflandre, Delafaye, Perichon, Capelan, Dubau, Chrêtien, Perrot, N. Lebeuf, Lafosse, Charles Durand, Jean-Baptiste Adam, N. J. Deflandre, Pierre Manglard, Adry, Jouannette, Louis-Thomas L'enfant, Bonfilliou, Parmentier, Ricard, Vilfranche, C, F. Hanique, Perot, Louis Daras, Draucourt, Lepape, Cl. Ch. Moreau, P. R. Zeude, Lamiral, Lemaire, Ricard, J. Beuzeville, Villain, Nicolas Didelot, Parmantier, Morel; Lecesne, Chapelain, Ligois, Gambier, J-B. Autin, Cheron, Jean Bary, le Lievre. P. Benoist, C. A Charier, Hanique, Bunelle, N. B. Gerard, Delahaye, J. F. Gambier, J. Delahaye,

Cheron, Leroux, Hyon, Boudin, N. Harlau, Pin, Durand, Faùquet, Fauquet, Hizay, Angot, C. M. Harlau, Petitpas, Dubois, Delaître, Dardet, Marthe, Rose, Pasque, Menissier, Durand, Valois, Sennée, Vigoureux, Edme Bordevier Dizy, Caron, P. C. Mauger, Bonsergent, Duclon, Maurer, Lefranc, Franchet, & à côté est écrit, Contrôlé à Paris le huit Juin 1746. Reçu douze sols, *Signé*, BLONDELU, avec Paraphe.

Sentence de Police, du 21 Janvier 1746.

A TOUS ceux qui ces présentes Lettres verront, Gabriel-Jerôme de Bullion, Chevalier, Comte d'Esclimont, Prevôt de Paris; SALUT. Sçavoir faisons, que sur la Requête faite en Jugement devant Nous, à l'Audiance de la Chambre de Police du Châtelet de Paris, par Me Formentin, Procureur des Jurés en Charge de la Communauté des Maîtres Ciseleurs, Doreurs, Argenteurs, Damasquineurs & Enjoliveurs sur tous métaux de la Ville & Faubourgs de Paris, saisissans sur les ci-après nommés; sçavoir, sur le sieur Antoine, Maître Peintre à Paris & sa femme, & Ouvriers Boutonniers, six douzaines & deux boutons de cuivre dorés, brunis montés sur bois, trouvés dans une feuille de papier gris; neuf douzaines & deux boutons de cuivre, dorés, montés sur bois, non brunis, trouvés sur un petit établi; trois piéces servant à brunir montés sur leurs manches de bois; un mandrin sur lequel est un bouton de cuivre prêt à brunir; cinq autres mandrins & un cairet; sur le nommé Carron, aussi Ouvrier Boutonnier; cinq paquets de boutons dans leur papier; Sçavoir, quatre cens cinquante-deux à l'Angloise, non brunis; soixante quatorze à l'Angloise, brunis & finis, & soixante-un à bourlets, brunis & finis, quatre vingt-deux à bourlets ébauchés & non finis; soixante-treize pareillement à l'Angloise & non finis, le tout de cuivre doré d'or moulu & montés sur leurs moules de bois; six pierres sanguines à brunir, sur leurs manches; six manches de bois dont trois avec leurs mandrins, un de bazanne servant à nettoyer les pierres à brunir; & sur Jean Goulain, aussi Ouvrier Boutonnier, six pierres sanguines servant à brunir; quatre mandrins servant à brunir des boutons; deux boutons montés sur deux desdits mandrins; deux petits cairets servant à polir lesdites pierres; vingt douzaines moins trois boutons, de cuivre doré, montés sur leurs moules de bois, non brunis; quarante-six douzaines & un bouton, de cuivre, dorés & brunis, tous montés sur leurs moules de bois; toutes lesdites Marchandises & Outils trouvés en contravention chez les ci-dénommés ci-dessus, Demandeurs suivant lesdits Procès-verbaux de saisies & assignations faites en présence de Me. Sautel & André Girard, Commissaires en cette Cour, le même jour dix Décembre dernier, par compagnie: Mariotte & Faucet Huissiers à Cheval, Contrôlés & présentés; lesdites assignations tendantes afin de validité desdites saisies & confiscation desdites Marchandises & Outils saisis; défenses de récidiver; dommages, intérêts, amande & dépens contre Me. Fougeron, Procureur dudit sieur Antoine; Maître Peintre à Paris & sa femme, & desdits Carron & Jean Goulain, Ouvriers Boutonniers, Défendeurs ausdits Procès-verbaux

verbaux de saisies & assignations, Parties ouies, lecture faites des Statuts & Reglemens de la Communauté desdits Maîtres Doreurs & desdits Procès-verbaux de saisies & assignations. NOUS disons; que les Statuts & Reglemens de la Communauté des Maîtres Doreurs, seront exécutés, & en conséquence, avons la saisie dont est question, faite à la Requête de Formentin, sur celle de Fougeron, déclarée bonne & valable. Ordonnons que les Marchandises & Outils saisis seront & demeureront acquises & confisqués au profit de Formentin, à la représentation d'iceux, les Gardiens contraints; quoi faisant déchargés, à cet effet permis aux Parties de Formentin de briser les scellés; faisons défenses aux Parties de Fougeron, de récidiver, sous telles peines qu'il appartiendra, & à tous autres Particuliers & Ouvriers Boutonniers, de travailler & se mêler du métier de Doreur; condamnons lesdites Parties de Fougeron, chacunes en trente livres de dommages & intérêts envers les Parties de Formentin, & aux dépens, ce qui sera exécuté nonobstant & sans préjudice de l'Appel. En témoin de ce nous avons fait celler ces présentes. Fait & donné par Monsieur de Marville, Lieutenant Général de Police de la Ville de Paris, y tenant le Siége, le Vendredi vingt-un Janvier mil sept cent quarante-six. Collationné. *Signé* LAMBERT. Scellé le vingt-deux Janvier mil sept cent quarante-six. *Signé* SAUVAGE. Et plus bas est écrit, signifié & baillé Copie à Me. Fougeron, Procureur à domicile, le vingt-six Janvier mil sept cent quarante-six. *Signé* BARANGUE, avec paraphe.

ARREST
DU CONSEIL D'ÉTAT
DU ROI,

Qui annulle les modifications portées en l'Arrêt de la Cour de Parlement du 29 Décembre 1745, ordonne l'exécution de l'Arrêt du Conseil du deux Novembre audit an.

Donné à Versailles le 1re. Février 1746.

Extrait des Registres du Conseil d'État.

SUR la Requête présentée au Roi en son Conseil par les Jurés en Charge & Communauté des Maîtres Cizeleurs, Doreurs, Argenteurs, Damasquineurs & Enjoliveurs sur fer, fonte, cuivre & autres métaux, de la Ville & Faubourgs de Paris, contenant que par Arrêt du Conseil du 2 Novembre dernier, portant réunion à leur Communauté des Offices d'Inspecteurs & Contrôleurs crées par Edit du mois de Février mil sept cent quarante-cinq, moyennant la somme de huit mille livres, il leur auroit été permis pour faciliter le payement de cette somme, de recevoir douze Maîtres sans qualité, à raison de six cent livres chacun, non compris les frais ordinaires de Réception; il auroit été en outre ordonné que les Maîtres qui seroient reçus en qualité d'apprentifs & par Chef-dœuvre, & les Fils de Maîtres nés avant la Maîtrise de leurs peres, payeroient au profit de la Communauté, la somme de trois cent livres au lieu de celle de cent quatre-vingt dix livres, que ceux nés depuis la Maîtrise de leurs peres payeroient soixante dix livres au lieu de soixante, & les Gendres de Maîtres cent livres au lieu de quatre-vingt dix livres, les Supplians ayant obtenu le dix-huit Novembre mil sept cent quarante cinq des Lettres Patentes sur cet Arrêt, qu'ils ont ensuite présenté au Parlement de Paris pour y être enregistrées, il est intervenu Arrêt en cette Cour le vingt-neuf Décembre dernier, qui en ordonne à la vérité l'enregistrement, mais avec différentes modifications, sçavoir entre autres, sans approbation de la perception du passé, de 190 livres, 90 livres & 60 livres pour les Receptions, & à a charge par les Supplians de faire rendre compte tous les ans par les Jurés de leur Communauté, des droits nouveaux établis par lesdites Lettres, & des gages à elle attribués par l'Edit de mil sept cent quarante-cinq, ensemble du payement des arrérages de la somme de huit mille livres du remboursement du principal ou partie d'icelui, suivant lesdites Lettres, & de rapporter en cette Cour, dans les six mois après l'échéance de chaque année, le compte qui doit être rendu; Que les Supplians seroient pareillement tenus de rapporter dans six mois, à compter du jour dudit Arrêt du vingt-neuf Décembre dernier, les comptes qui ont dû être rendus des droits qui leur ont été attribués par l'article trois de la Déclaration du premier Janvier mil sept cent six, à l'effet d'être employés suivant ledit article, au payement des rentes & dettes de ladite Communauté ; & que jusqu'à ce il seroit surcis à la réception des Maîtres sans qualité, qu'il a été permis aux Supplians de recevoir par l'article trois de ladite Déclaration, & à l'article premier de la Délibération du douze Juillet mil sept cent quarante cinq, relatif à ladite réception de Maîtres sans qualité, ensorte que les différentes dispositions de cet Arrêt d'enregistrement, ôtent aux Supplians les facilités que Sa Majesté leur avoit procurées par l'Arrêt de son Conseil d'Etat du deux Novembre dernier, en leur accordant une augmentation des droits de réception à la Maîtrise, & leur permettant de recevoir douze Maîtres sans qualité, dont le produit devoit servir à payer les arrérages de leur emprunt, même au remboursement du principal, à mesure qu'il y aura des fonds; ce même Arrêt d'enregistrement assujettit les Supplians de rapporter en ladite Cour les comptes, tant des droits attribués par l'article trois de la Déclaration du premier Janvier 1706, que de ceux nouvellement établis, afin de constater les dettes de la Communauté des Supplians, ce qui est contraire aux volontés de Sa Majesté, qui a établi des Commissaires particuliers par différens Arrêts pour procéder à la liquidation des dettes des Corps des Marchands, & des Communautés d'Arts & Métiers de la Ville & Fauxbourgs de Paris, devant lesquels les Supplians ont remis leurs comptes depuis mil six cent quatre-vingt-neuf jusqu'à présent. Dans ces circonstances, les Supplians ne peuvent se dispenser de reclamer l'autorité de Sa Majesté contre les dispositions de l'Arrêt du Parlement du vingt-neuf Décembre dernier dont on vient de rendre compte, requerant à ces causes les Supplians, qu'il plaise à Sa Majesté, sans s'arrêter aux modifications portées par l'Arrêt d'enregistrement du Parlement du 29 Décembre dernier, ordonner que l'Arrêt du Conseil d'Etat du 2 Novembre 1745. sera exécuté selon sa forme & teneur, en conséquence, qu'il sera permis, conformément audit Arrêt, de recevoir l'augmentation des droits de Maîtrise y portés, ensemble douze Maîtres sans qualité, du produit desquels droits de Maîtrise ils seront tenus de rendre compte devant les Sieurs Commissaires établis pour la liquidation des dettes des Corps des Marchands & des Communautés d'Arts & Métiers de Paris. Vû ladite Requête, signée Hecquard, Avocat des Supplians, la Déclaration du deux Janvier mil sept cent six, l'Arrêt du Conseil d'Etat du deux Novembre mil sept cent quarante-cinq, celui du Parlement du vingt-neuf Décembre dernier; oui le rapport du sieur de Machault, Conseiller ordinaire au Conseil Royal, Contrôleur Général des Finances. Le Roi en son Conseil, sans s'arrêter aux modifications portées par l'Arrêt d'enregistrement des Lettres Patentes obtenues le vingt-neuf Décembre dernier, sur l'Arrêt du Conseil du deux Novembre mil sept cent quarante-cinq, rendu en faveur de la Communauté des Maîtres Ciseleurs, Doreurs, Argenteurs, Damasquineurs & Enjoliveurs sur fer, fonte, cuivre & autres métaux, de la Ville & Fauxbourgs de Paris, a ordonné & ordonne que ledit Arrêt du Conseil sera exécuté selon sa forme & teneur, & en conséquence, a permis & permet à ladite Communauté, conformément audit Arrêt de recevoir l'augmentation des droits y portés, ensemble douze Maîtres sans qualité, du produit desquels droits les Jurés en Charge seront tenus de rendre compte pardevant les Sieurs Commissaires établis pour la liquidation des dettes du Corps des Marchands & Communauté d'Arts & Métiers de Paris, Fait au Conseil d'Etat du Roi tenu à Versailles le premier Février mil sept cent quarante six.

Collationné, *Signé* DEVOUGNY, *avec paraphes.*

Extrait des Registres du Conseil d'Etat du Roi.

Du 7 Mars 1747.

VU par le Roi en son Conseil, l'Arrêt rendu en icelui, le huit Février mil sept cent quarante-six, sur la Requête des Jurés & Communauté des Maîtres Ciseleurs, Doreurs, Damasquineurs & Enjoliveurs sur tous métaux, de la Ville & Fauboürgs de Paris, par lequel Sa Majesté auroit évoqué à Elle & à son Conseil, les contestations pendantes tant au Châtelet, qu'en la Prévôté de l'Hôtel, entre lesdits Maîtres Doreurs & les sieurs Roubeau & sa femme; & avant faire droit sur lesdites contestations, auroit ordonné que la Requête desdits Maîtres Doreurs seroit communiquée ausdits sieur Roubeau & sa femme, pour y répondre dans le délai du Reglement, toutes choses demeurantes en état. Ledit Arrêt signifié ausdits Roubeau & sa femme, le dix huit dudit mois de Février. La Requête présentée par ledit sieur Roubeau, Maitre Boutonnier à Paris, & Fondeur privilégié suivant la Cour, & Catherine Harmand sa femme, Doreuſe privilegiée ſuivant la Cour, tendante à ce qu'il plût à Sa Majeſté leur donner Acte de ce que pour réponſes à la Requête des Maîtres Doreurs, inſerée dans l'Arrêt du Conſeil, le huit Février mil ſept cent quarante ſix; ils employent le contenu en ladite Requête avec les Piéces énoncées & jointes aux inductions qui en ont été tirées. Ce faiſant, ſans avoir égard aux fins & concluſions deſdits Maîtres Doreurs, dans leſquelles ils ſeroient déclarés non-recevables, & ſubſidiairement mal fondés, & dont ils ſeroient déboutés avec dépens; ordonner que les Lettres de Priviléges à eux accordées & les Sentences d'enregiſtrement, des trois Juin mil ſept cent quarante, vingt-ſix & vingt-ſept Fév. mil ſept cent quarante-trois, fuſſent exécutées ſelon leur forme & teneur, avec défenſes auſdits Jurés & à tous autres, de les troubler dans l'exercice & exploitation deſdits Priviléges, à peine de mille livres d'amende, & de tous dépens, dommages & interêts; & pour le trouble à eux fait, condamner leſdits Jurés & Communauté, en cinq cens livres de dommages & interêts, & en tous les dépens. Ladite Requête ſignée Chiquet, Avocat ès Conſeils & deſdits Roubeau & ſa femme, & ſignifiée le ſept May mil ſept cent quarante-ſix. La Requête deſdits Jurés & Communauté des Maîtres, Doreurs, tendantes à ce qu'il leur fût donné Acte de ce que pour réponſes à la Requête de Roubeau & ſa femme, & contredits aux Piéces produites par icelle, ils employent le contenu en leurdite Requête, enſemble les Piéces par eux produites aux inductions qui en ſont tirées, faiſant droit ſur l'inſtance, & procedant au jugement d'icelle, débouter Roubeau & ſa femme de leurs conclusions, & ordonner que conformément aux Arrêt du Conseil d'Etat privé du Roi, & du Grand-Conseil, des dix-sept Juin mil sept cent quatre-vingt-un, & quinze Juillet mil sept cent un, Roubeau & sa femme qui sont en Communauté de biens & demeures, & font Commerce ensemble, seront tenus d'opter dans un mois du jour de la signification de l'Arrêt qui interviendra sur les contestations d'entre les Parties, laquelle des trois Professions ou Métiers, soit de Fondeur ou Doreur, soit de Boutonnier ils entendent exercer; sans qu'après ladite option Roubeau & sa femme puissent s'immiscer de vendre ni fabriquer aucuns ouvrages que de celui des Métiers qu'ils auront conjointement opté pour eux deux, à peine de saisie & confiscation des ouvrages, & de mil livres d'amende, & que faute par eux de faire ladite option dans le délai & icelui passé, ladite option sera & demeurera réferée aux Jurés Doreurs, en conséquence, que la Boutique de Doreur qu'occupent lesdits Roubeau & sa femme, sous le nom de sadite femme, sera fermée, que défenses leur seront faites à tous deux, d'exercer le Métier de Doreur, à peine de confiscation des ouvrages, mil livres d'amende, & de tous dépens, dommages & interêts, & condamner lesdits Roubeau & sa femme aux dépens, tant ceux fait au Châtelet de Paris qu'au Conseil; ladite Requête signée Hecquard, Avocat ès Conseils & des Maîtres Doreurs, signifiée le vingt-un dudit mois de Mai mil sept cent quarante-six. Autre Requête présentée par lesdits Sieur Roubeau & sa femme, tendante à ce qu'il leur fût donné Acte de ce que pour réponses à la Requête des Maîtres Doreurs, ſignifiée le 21 Mai 1746, ils employent le contenu en ladite Requête, en conſéquence, ſans avoir égard aux concluſions deſdits Maîtres Doreur, dans leſquelles ils ſeront déclarés non-recevables, & ſubſidiairement mal fondés, celles par par eux priſes en l'inſtance, leur ſoient adjugées ſous la condition, ſi Sa Majeſté juge à propos de l'ordonner; que Nicolas Roubeau ſera tenu d'opter, ainſi qu'il en fait offred, e la Maîtriſe de Boutonnier ou de privilégié de Fondeur, dans un mois, à compter du jour de l'Arrêt qui interviendra ſur les conteſtations pendantes au Conſeil, entre les Maîtres Boutonniers & les Maîtres Fondeurs, & condamner leſdits Maîtres Doreurs en tous les dépens, ladite Requête ſignée Chiquet, & ſignifiée le quinze Septembre mil ſept cent quarante-ſix. Vû auſſi l'Arrêt du Conſeil privé, rendu en faveur de la Communauté des Maîtres Doreurs, le dix-ſept Juin mil ſept cent quatre-vingt-un, contre Pierre Chauvin, Maître Doreur & Fondeur privilégié ſuivant la Cour, lequel ordonne que dans un mois pour toute préfixion & délai, ledit Chauvin ſera tenu d'opter lequel des deux Arts ou Métiers, de Doreur ou de Fondeur il prétend exercer, ſans qu'après ladite option ledit Chauvin puiſſe s'immiſcer dans l'exercice, vendre ni fabriquer aucuns ouvrages autres que celui deſdits Arts & Métiers qu'il aura opté, à peine de confiſcation deſdits ouvrages, & mil livres d'amende, & faute par lui de faire ladite option dans ledit temps d'un mois, après icelui paſſé, l'option ſera réferée auſdits Maîtres Doreurs. L'Arrêt du Grand Conſeil, du quinze Juillet mil ſept cent un. La Sentence du Châtelet, du vingt-huit Mars mil ſept cent trente-huit,

& l'Arrêt du Parlement, confirmatif d'icelle, du trois Septembre mil ſept cent quarante. Les Lettres du Grand-Prevôt de France, du trois Juin mil ſept cent quarante, portant que par la démiſſion de Touſſain Geofroy, Nicolas Roubeau ès Fondeur privilégié ſuivant la Cour. Autres Lettres dudit ſieur Grand-Prevôt, du vingt-ſix Février mil ſept cent quarante trois, portant que par la démiſſion de Nicolas Roubeau, Catherine Harmand ès Doreuſe privilégiée. Les Sentences d'enregiſtrement deſdites Lettres en la Prevôté de l'Hôtel, des trois Juin mil ſept cent quarante, & vingt-ſept Février mil ſept cent quarante-trois. L'avis des ſieurs Députés du Commerce, enſemble les autres Piéces & Mémoires reſpectivement produits par les Parties. Tout conſidéré, OUI le Rapport du ſieur DE MACHAULT, Conſeiller ordinaire au Conſeil Royal, Contrôleur Général des Finances. SA MAJESTE' en ſon Conſeil, a ordonné & ordonne que dès à préſent, la femme de Roubeau ſera tenue de quitter ſon Métier & Profeſſion de Doreuſe : lui fait défenſes d'exercer à l'avenir ladite Profeſſion, & cependant par grace & ſans tirer à conſéquence, lui accorde trois mois pour ſe défaire des Marchandiſes qui ſe trouveroient actuellement fabriquées dans ſa Boutique, dépendantes dudit Métier. Ordonne en outre Sa Majeſté, que dans un mois, à compter du jour de la ſignification qui ſera faite au ſieur Roubeau, de l'Arrêt qui interviendra ſur les conteſtations actuellement pendantes au Conſeil, entre la Communauté des Maîtres Fondeurs & celle des Maîtres Boutonniers, ledit Roubeau ſera tenu, ſuivant ſes offres, d'opter lequel des deux Arts ou Métier de Boutonnier, ou de Fondeur, il entend exercer, sans qu'après ladite option il puisse s'immiscer dans l'exercice, vendre ni fabriquer aucuns ouvrages, autres que ceux dudit Art ou Métier qu'il aura opté, à peine de confiscation desdits ouvrages, & mil livres d'amende. FAIT au Conseil d'Etat du Roi, tenu à Versailles, le septiéme jour du mois de Mars mil sept cent quarante-sept. *Collationné.*

Signé DE VOUGNY.

Le dix-huitiéme Mars, mil sept cent quarante-sept, signifié & laissé Copie du présent Arrêt, aux fins y contenues à Me. CHIQUET, *Avocat des Parties adverses, en son domicile parlant à son Clerc.*

Au Sieur Roubeau, Maître Boutonnier & Fondeur, en son domicile à Paris, rue Frépillon, près Saint Nicolas des Champs, parlant à femme.

Et à la Damoiselle Roubeau son Epouse, en son domicile à Paris, susdite rue Frépillon, parlant à ladite Damoiselle Roubeau.

PAR NOUS, *Huissier ordinaire du Roi en ses Conseils.*

Signé DESESTRE.

SENTENCE
DE POLICE

Rendue en faveur des Maîtres Ciſeleurs-Doreurs - Argenteurs - Damaſquineurs & Enjoliveurs ſur tous Métaux, de la Ville & Fauxbourgs de Paris.

Contre M. André, Maître Graveur en cette Ville de Paris.

Du 9 Juin 1747.

A TOUS ceux qui ces préſentes Lettres verront, Gabriel-Jerôme de Bullion, Chevalier-Comte d'Eſclimont, Prevôt de Paris; SALUT. Sçavoir faiſons, que ſur la Requête faite en Jugement devant Nous, à l'Audience de la Chambre de Police du Châtelet de Paris, par Me Olivier le jeune, Procureur des Jurés de préſent en Charge de la Communauté des Maîtres Ciſeleurs, Doreurs & Argenteurs ſur tous métaux, Demandeurs aux fins du Procès-verbal de ſaiſie, du vingt-cinq Mai dernier, de pluſieurs Ouvrages & Outils ſervant à la Profeſſion deſdits Doreurs, & Exploit fait en conſéquence le même jour, par Mariotte, Huiſſier à Cheval en cette Cour, dûement contrôlé & préſenté aux fins y contenues, avec dépens; Défendeurs aux défenſes du cinq Janvier dernier, ſuivant leurs moyens du ſix. Contre Me Delorme l'aîné, Procureur de André, Maître Graveur, Défendeur audit Exploit. Parties ouies, sans que les qualités puissent nuire ni préjudicier. NOUS, disons que les Statuts & Reglemens de la Communauté des Doreurs, Parties d'Olivier, seront exécutés; avons la saisie faite à leur requête sur celle de Delorme déclarée bonne & valable. Disons, que les choses saisies seront & demeureront confisquées au profit des Parties d'Olivier, à la représentation le Gardien contraint, quoi faisant déchargé. Défenses à la Partie de Delorme, de recidiver & d'entreprendre sur la Profession des Parties d'Olivier, pour la contravention, la condamnons en 20 l. de dommages & interêts & aux dépens, ce qui sera exécuté nonobstant & sans préjudice de l'Appel; en témoin de ce nous avons fait sceller ces présentes. Ce fut fait & donné par Messire NICOLAS-RENE' BERRYER, Chevalier-Conseiller du Roi en ses Conseils, Maîtres des Requêtes ordinaire de son Hôtel, Lieutenant Général de Police au Châtelet de Paris, y tenant le Siége le Vendredi neuf Juin mil sept cent quarante-sept.

Collationné. LA FONTAINE.

Scellé le 12 Juin 1747.

Signé SAUVAGE.

ARREST
DU CONSEIL D'ÉTAT
DU ROI,
ET LETTRES-PATENTES SUR ICELUI,
Regiſtrées en Parlement.

Portant Reglement pour les Compagnons & Ouvriers qai travaillent dans les Fabriques & Manufactures du Royaume.

Du 2 Janvier 1749.

Extrait des Regiſtres du Conſeil d'État.

LE ROI étant informé que nombre d'Ouvriers de différentes Fabriques & Manufactures de ſon Royaume, quittent les Fabriquans & Entrepreneurs qui les employent, ſans avoir pris d'eux un congé par écrit, ſans avoir achevé les Ouvrages qu'ils ont commencé, & ſans leur avoir le plus ordinairement rendu les avances qui leur ont été faites dans leurs beſoins à compte du ſalaire de leurs Ouvrages; que même certains d'entr'eux, formant un eſpéce de corps, tiennent des aſſemblées & font la loi à leurs Maîtres, en leur donnant à leur gré, ou les privant d'Ouvriers, & les empêchant de prendre ceux qui pourroient leur convenir, ſoit François ou Etrangers Et Sa Majeſté étant pareillement informée que par facilité, ou par d'autres motifs, la plûpart des Fabriquans & des Entrepreneurs reçoivent chez eux des Compagnons & Ouvriers, sans s'embarrasser d'où ils sortent, & sans s'informer des raisons qu'ils ont eues pour quitter leur Maître; leur conduite à cet égard a beaucoup contribué à l'excés de licence qui a donné lieu aux plaintes qui ont été portées au Conseil. Et Sa Majesté voulant arrêter le cours d'un abus aussi préjudiciable aux Manufactures : Vû l'avis des Députés du Commerce; Oui le Rapport du Sieur de Machault, Conseiller ordinaire au Conseil Royal, Contrôleur Général des Finances. LE ROI E'TANT EN SON CONSEIL, a ordonné & ordonne ce qui suit :

ARTICLE PREMIER.

FAIT Sa Majesté très-expresses inhibitions & défenses à tous Compagnons & Ouvriers employés dans les Fabriques & Manufactures du Royaume, de quelque espéce qu'elles soient, de les quitter pour aller travailler ailleurs, sans avoir obtenu un Congé exprès & par écrit de leur Maître; à peine contre lesdits Compagnons & Ouvriers, de cent livres d'amende, au payement de laquelle ils seront contraints par corps.

II.

POURRONT néanmoins lesdits Compagnons & Ouvriers, dans les cas où ils ne seroient pas payés de leurs salaires par leur Maître, qu'ils en essuyeroient de mauvais traitemens, qu'ils les laisseroient sans ouvrage, ou pour d'autres causes légitimes, se pourvoir pardevant les Juges de Police des lieux, pour en obtenir, si le cas y écheoit, un billet de Congé, qui ne pourra cependant leur être délivré en aucun cas, qu'ils n'ayent achevé les Ouvrages qu'ils auroient commencé chez leur Maître, & acquitté les avances qui pourroient leur avoir été faites.

III.

FAIT pareillement Sa Majesté défenses à tous Compagnons & Ouvriers de s'assembler en Corps, sous prétexte de Confrairie ou autrement, de cabaler entr'eux pour se placer les uns les autres chez les Maîtres, ou pour en sortir ; ni d'empêcher, de quelque maniere que ce soit, lesdits Maîtres de choisir eux-mêmes leurs Ouvriers, soit François ou Etrangers, sous pareille peine de cent livres contre lesdits Compagnons & Ouvriers, payables comme dessus.

IV.

FAIT aussi Sa Majesté très-expresses défenses à tous Fabriquans & Entrepreneurs de Fabriques ou Manufactures, de prendre à leur service aucuns Compagnons & Ouvriers ayant travaillé chez d'autres de leur état & profession dans le Royaume, sans qu'il leur soit apparu d'un Congé par écrit des Maîtres qu'ils auront quittés, ou des Juges de Police en certains cas ; à peine de trois cent livres d'amende pour chaque contravention, & de tous dépens, dommages & intérêts. Ordonne que pour l'exécution du présent Arrêt, sur lequel toutes Lettres-Patentes nécessaires seront expediées, les Parties se pourvoiront pardevant les Juges de Police des lieux, &, en cas d'appel, aux Parlemens ; qu'il sera lû, publié, affiché & enregistré par tout où besoin sera, à ce que nul n'en ignore, & exécuté nonobstant oppositions ou autres empêchemens quelconques, pour lesquels ne sera differé. FAIT au Conseil d'Etat du Roi, Sa Majesté y étant, tenu à Versailles le le deuxiéme jour de de Janvier mil ſept cent quarante-neuf.

Signé PHELYPEAUX.

LETTRES-PATENTES.

LOUIS par la Grace de Dieu, Roi de France & de Navarre : A nos amés & feaux Conſeillers les Gens tenant notre Cour de Parlement à Paris. SALUT. Etant informé que nombre d'Ouvriers de différentes Fabriques & Manufactures de notre Royaume, quittent les Fabriquans & Entrepreneurs qui les employent, ſans avoir pris d'eux un Congé par écrit, ſans avoir achevé l'ouvrage qu'ils ont commencé, & ſans leur avoir le plus ordinaîrement rendu les avances qui leur ont été faites dans leurs beſoins à compte du ſalaire de leurs Ouvrages ; que même certains d'entr'eux formant un eſpece de Corps, tiennent des Aſſemblées & font la loi à leurs Maitres, en leur donnant à leur gré, ou les privant d'Ouvriers, & les empêchant de prendre ceux qui pourroient leur convenir, ſoit François ou Etrangers. Et étant pareillement informé que par facilité ou par d'autres moitifs, la plûpart des Fabriquans & des Entrepreneurs reçoivent chez eux des Compagnons & Ouvriers, ſans s'embarraſſer d'où ils ſortent, & ſans s'informer des raiſons qu'ils ont eues pour quitter leur Maitre ; leur conduite à cet égard a beaucoup contribué à l'excès de licence qui a donné lieu aux paintes qui ont été portées en notre Conſeil. Et voulant arrêter le cours d'un abus auſſi préjudiciable aux Manufactures, Nous y avons pourvû par l'Arrêt de cejourd'hui, rendu en notre Conseil d'Etat, Nous y étant, pour l'exécution duquel Nous avons ordonné que toutes Lettres-Patentes seront expédiées. A CES CAUSES, de l'avis de notre Conseil, qui a vû ledit Arrêt ci-attaché sous le contre-scel de notre Chancellerie, Nous avons ordonné, & par ces présentes signées de notre main, ordonnons ce qui suit :

ARTICLE PREMIER.

FAISONS très-expresses inhibitions & défenses à tous Compagnons & Ouvriers employés dans les Fabriques & Manufactures de notre Royaume, de quelque especes qu'elles soient, de les quitter pour aller travailler ailleurs, sans en avoir obtenu un Congé exprès & par écrit de leur Maitre ; à peine contre lesdits Compagnons & Ouvriers, de cent livres d'amende, au payement de laquelle ils seront contraints par corps.

II.

POURRONT néanmoins lesdits Compagnons & Ouvriers, dans les cas où ils ne seroient pas payés de leurs salaires par leur Maitre, & qu'ils essuyeroient de mauvais traitement, qu'ils les laisseroient sans ouvrage, ou pour d'autres causes legitimes, se pourvoir pardevant les Juges de Police des lieux, pour en obtenir, si le cas y écheoit, un billet de Congé, qui ne pourra cependant leur être délivré en aucun cas, qu'ils n'ayent achevé les ouvrages qu'ils auroient commencé chez leur Maitre, & acquitté les avances qui pourroient leur avoir été faites.

III.

FAISONS pareillement défenses à tous Compagnons & Ouvriers de s'assembler en Corps, sous prétexte de Confrairie ou autrement ; de cabaler entre'eux pour se placer les uns les autres chez des Maitres, ou pour en sortir ; ni d'empêcher, de quelque maniere que ce soit, lesdits Maitres de choisir eux-mêmes leurs Ouvriers, soit François ou Etrangers, sous pareille peine de cent livres contre lesdits Commpagnons & Ouvriers, payables comme dessus.

IV.

Faisons aussi très-expresses défenses à tous Fabriquans & Entrepreneurs de Fabriques & Manufactures, de prendre à leur service aucuns Compagnons & Ouvriers ayant travaillé chez d'autres de leur état & professions dans notre Royaume, sans qu'il leur soit apparu d'un Congé par écrit des Maîtres qu'ils auront quittés, ou des Juges de Police en certains cas, à peine de trois cent livres d'amende pour chaque contravention, de tous dépens, dommages & interêts. Si vous mandons que ces présentes vous ayez à faire registrer, & le contenu en icelles exécuter selon leur forme & teneur : Car tel est notre plaisir. Données à Versailles le deuxiéme jour de Janvier, l'an de grace mil sept cent quarante-neuf, & de notre Regne le trente-quatriéme. *Signé*, Louis. *Et plus bas*, Par le Roi, Phelypeaux. Et scellé.

Registrées, oui & ce requerant le Procureur Général du Roi, pour être executées selon leur forme & teneur ; & copies collationnées envoyées aux Bailliages & Sénéchaussées du ressort, pour y être lûes, publiées & registrées. Enjoint aux Substituts du Procureur Général du Roi d'y tenir la main, & d'en certifier la Cour dans le mois, suivant l'Arrêt de ce jour. A Paris en Parlement, le trente-un Janvier mil ſept cent quarante-neuf.

Signé YSABEAU.

Collationné aux Originaux par Nous Ecuyer, Conſeiller-Secretaire du Roi, Maiſon, Couronne de France & de ſes Finances.

ARREST
DE LA COUR
DE PARLEMENT.

Qui confirme les Maîtres Doreurs, Argenteurs ſur tous métaux, dans le droit & uſage de cizeler & enjoliver tous les Ouvrages qui les concernent, & de ſe ſervir & avoir tous les Outils neceſſaires pour mettre leurs Ouvrages dans leur derniere perfection.

Extrait des Regiſtres du Parlement.

Du 15 Janvier 1752.

LOUIS par la grace de Dieu, Roi de France & de Navarre au premier Huiſſier de notre Cour de Parlement, ou autre Huiſſier ou Sergent ſur ce requis; ſçavoir faiſons; qu'entre les Jurés en Charge de la Communauté des Maîtres Ciſeleurs, Doreurs, Argenteurs, Damaſquineurs, Enjoliveurs, ſur fer, fonte, cuivre, laiton & autres métaux, de la Ville & Fauxbourgs de Paris, Opposans, suivant leur Acte du dix-huit Septembre mil sept cent cinquante-un, entre les mains de Monsieur le Procureur Général, à l'enregistrement des Lettres Patentes obtenues par les Défendeurs, ci-après qualifiées, sur leurs nouveaux Statuts, d'une part, & les Syndic & Jurés en Charge de la Communauté des Maîtres Tailleurs, Ciseleurs, Graveurs, sur Bijoux, Or & Argent & autres métaux & matiéres, de cette Ville & Faubourgs de Paris, Défendeurs d'autre part. Et entre lesdits Syndic, Jurés en Charge de la Communauté des Ciseleurs-Graveurs, Demandeurs en Requête & exploit du trente du même mois de Septembre, à ce qu'il fut ordonné que sans s'arrêter à l'opposition des Défendeurs ci-dessus nommés, & à toutes autres oppositions de leur part, soit au Greffe & partout ailleurs, dont ils seroient déboutés, il seroit procedé & passé outre à l'enregistrement des Lettres Patentes accordées par Sa Majesté, sur les nouveaux Statuts des Demandeurs, données à Fontainebleau, au mois d'Octobre mil sept cent trente-sept. *Signées* Louis, & sur le repli, *par le Roy*, Phellypeaux, visées Daguesseau, & scelées du grand sceau de cire verte, en lacs de soye rouge & verte, pour être exécutées avec lesdits Statuts, selon leur forme & teneur, & jouir par les Demandeurs & leur Communauté, de l'effet & contenu en icelles, & que les Défendeurs seroient condamnés en trois milles livres de dommages & interêts envers les Demandeurs, & en tous les dépens, & ce sans approbation de la qualité de Cizeleurs, sur métaux, prise par les Défendeurs par leurdite opposition, en ce

O iij

qu'ils voudroient se l'attribuer au préjudice des Demandeurs, d'une part; & les Jurés en Charge & Communauté des Maîtres Doreurs & Argenteurs, Défendeurs d'autre part. Et entre lesdits Jurés en Charge de la Communauté des Maîtres Doreurs-Argenteurs, Demandeurs en Requête du 31 Décembre 1751, à ce qu'il leur fût donné acte de ce que pour causes & moyens de leur opposition, ensemble pour fins de non recevoir, & défenses à la Demande des Maîtres Graveurs, ils employent le contenu en leur Rêquête; ce faisant, qu'ayant égard à leur opposition, il fut ordonné, que le Titre desdits nouveaux Statuts, dans lequel les Maîtres Graveurs ont pris la qualité de Ciseleurs, sur or, argent & autres métaux & matieres, & les articles seize & dix-sept desdits Statuts ne pourroient être opposés en aucun cas aux Demandeurs, sur tous métaux; en conséquence, que nonobstant le contenu ausdits titre & ausdits articles seize & dix-sept desdits nouveaux Statuts, les Demandeurs seroient maintenus & gardés dans le droit & possession qu'ils ont de ciseler auparavant la dorure & argenture, toutes sortes d'ouvrages sur fer, fonte, cuivre, laiton & autres métaux; & après que lesdits ouvrages auront été dorés & argentés, de les enjoliver, & pour cet effet d'avoir des Rissoirs, Burins, & Ciseaux, Ciselets, Echoppes & autres outils tranchans & coupans, Mattes, Trassoirs, Percloirs, Planoirs, Bouges, Pointilloirs, Mousse, & généralement tous autres outils nécessaires tant pour la Ciselure des ouvrages avant qu'ils soient dorés & argentés, que pour enjoliver lesdits ouvrages après qu'ils auront été dorés & argentés; qu'il fut ordonné, qu'il ne seroit procédé & passé outre à l'enregistrement desdites Lettres Patentes obtenues par les Maîtres Graveurs, sur lesdits nouveaux Statuts, que sous la charge & condition de l'entiere exécution de l'Arrêt qui interviendra sur ladite Requête, & qu'en cas de contestation les Maîtres Graveurs fussent condamnés aux dépens, d'une part; Et les Sindic Jurés en Charge & Communauté des Maîtres Graveurs Ciseleurs sur métaux, Défendeurs, d'autre part. Et entre lesdits Syndic Jurés en Charge & Communauté des Maîtres Graveurs Ciseleurs sur métaux, Demandeurs en Requête du sept Janvier mil sept cens cinquante-deux, tendante à ce qu'il leur fut donné acte, de ce que pour reponse aux causes & moyens d'oppositions de la Communauté des Doreurs & Argenteurs, ensemble pour répliquer aux prétendues fins de non recevoir, & défenses desdits Doreurs, ils employent le contenu en leurdite Requéte, en conséquence, que sans s'arrêter à la demande desdits Doreurs & Argenteurs portée par leurdite Requête du trente-un Décembre dernier, dont ils seront déboutés, & en prononçant sur leur opposition formée entre les mains de Monsieur le Procureur Général à l'enregistrement des Statuts des Graveurs, il fut ordonné, purement & simplement, que le Titre desdits nouveaux Statuts, par lequel la qualité de Ciseleurs a eté donnée aux Maîtres Graveurs, & dans laquelle ils ont été maintenus & gardés par l'Arrêt de notredite Cour du trentiéme Juillet dernier, lequel seroit exécuté selon sa forme & teneur, ensemble les articles 16 & 17 desdits Statuts, ne pourroient nuire ni préjudicier aux droits des Jurés & Communauté des Doreurs & Argenteurs, relativement aux ouvrages qui leur sont particuliers & aux outils qui peuvent leur être communs avec les Graveurs; en conséquence, il fut ordonné que, nonobstant leur opposition, il seroit procédé & passé outre à l'enregistrement des Lettres Patentes obtenues par les Graveurs sur leurs nouveaux Statuts, & que les Jurés & Communauté des Doreurs & Argenteurs fussent condamnés aux dépens, même en ceux de ladite Demande d'une part, & les Jurés & Communauté des Doreurs & Argenteurs Défendeurs d'autre part, & entre les Jurés & Communauté des Doreurs & Argenteurs Demandeurs en Requête du quatorze du présent mois de Janvier, à ce que, sans s'arrêter aux demandes portées par la Requête des Maîtres Graveurs du sept dudit mois, dont ils seroient déboutés, que faisant droit sur l'opposition, des Doreurs & Argenteurs, à l'enregistrement des Lettres Patentes obtenues par les Maîtres Graveurs, sur leurs nouveaux Statuts, il fut ordonné que lesdits nouveaux Statuts, ensemble les articles seize & dix-sept desdits Statuts ne pourroient nuire ni préjudicier aux droits des Doreurs & Argenteurs, relativement à la qualité de Ciseleurs qu'ils ont, & aux différens outils énoncés dans leur Requête du trente-un Décembre dernier, qui leur sont nécessaires pour ciseler leurs ouvrages avant la dorure, argenture, & d'enjoliver lesdits oovrages après qu'ils ont été dorés & argentés, & d'avoir tous les outils énoncés en leur Requête qui leur sont nécessaires pour cela, le tout, sauf les droits des Maîtres Graveurs pour les ouvrages qui leur sont particuliers, & que pour la contestation les Maîtres Graveurs fussent condamnés aux dépens d'une part, & les Syndic, Jurés & Communauté des Maîtres Graveurs, Ciseleurs sur métaux Défendeurs d'autre part, ſans que les qualités puiſſent nuire ni préjudicier aux Parties, après que Moreau, Avocat des Syndic & Jurés de la Communauté des Graveurs, Ciſeleurs; & Rigault, Avocat des Jurés de la Communauté des Ciſeleurs, Doreurs, Argenteurs & Damaſquineurs ont été ouis, enſemble le Bret, pour le Procureur Général du Roi. NOTRE DITE COUR, ayant aucunement égard à l'oppoſition formée par les Parties de Rigault à l'enregiſtrement des nouveaux Statuts obtenus par les Parties de Moreau, & aux Requêtes & Demandes reſpectives des Parties; Ordonne que le titre deſdits nouveaux Statuts, enſemble les articles ſeize & dix-ſept deſdits nouveaux Statuts ne pourront nuire ni préjudicier aux droits deſdites Parties de Rigault, relativement à la qualité de Ciſeleurs qu'ont leſdites Parties de Rigault, & aux outils qui peuvent leur être néceſſaires pour ciſeler; en conſéquence maintient & garde leſdites Parties de Rigault dans le droit & poſſeſſion qu'ils ont de ciſeler leurs ouvrages avant la dorure & argenture, & d'enjoliver leſdits ouvrages après qu'ils ont été dorés & argentés, & d'avoir tous les outils néceſſaires pour cela, ſans néanmoins que ladite qualité de Ciſeleurs, & le droit d'avoir leſdits outils, puiſſe être excluſif d'aucuns des droits, qu'ont leſdites Parties de Moreau pour leſdits Statuts, relativement à leurs ouvrages, ce faiſant; ordonne qu'il ſera paſſé outre, ſi faire ſe doit, à l'enregiſtrement deſdites Lettres Patentes obtenues ſur leſdits nouveaux Statuts par leſdites Parties de Moreau, dépens entre les Parties compenſés. SI MANDONS mettre le préſent Arrêt à exécution. Donné en Parlement le quinze Janvier, l'an de grace mil ſept cens cinquante-deux. Et de nôtre regne, le trente-ſeptiéme. Collationné PANET, avec paraphe.

Et plus bas, Par la Chambre. *Signé* DUFRANC. Avec paraphe.

Imprimé du tems de Meſſieurs BARBIER, CHRETIEN, BOULANGER *&* CHARLIER, *Jurés en Charge.*

DE PAR LE ROI

ET DE MONSIEUR

LE LIEUTENANT GENERAL,

DE POLICE,

SENTENCE

Rendue au profit de la Communauté des Maîtres Ciseleurs, Doreurs, Argenteurs, Damasquineurs & Enjoliveurs sur tous Métaux, de la Ville & Fauxbourgs de Paris.

Qui déclare bonne & valable la Saisie de soixante-quatre grosses de Boutons dorés, faite sur le nommé JOSEPH SAUVEUR, Maître Fondeur.

Du 22 Juin 1753.

A TOUS ceux qui ces présentes Lettres verront, GUILLAUME - FRANÇOIS - LOUIS JOLY DE FLEURY, Chevalier, Conseiller Ordinaire du Roi en son Conseil d'Etat, son Procureur Général, Garde de la Prévôté & Vicomté de Paris, le Siége vacant: SALUT. Sçavoir, faisons, Que sur la Requête faite en Jugement devant Nous à l'Audience de la Chambre de Police du Châtelet de Paris par Me Barbery, Procureur des Jurés en Charge de la Communauté des Maîtres Ciseleurs, Doreurs, Argenteurs, Damasquineurs & Enjoliveurs sur tous Métaux de la Ville & Fauxbourgs de Paris, Demandeurs aux fins de l'Exploit fait par Mariottes, Huissier à Cheval en cette Cour, le vingt sept Mars dernier, contrôlé le vingt-neuf par de la Fleuterie & présenté, tendante à fin de validité de la saisie, faite sur le ci-après nommé, le vingt-sept Mars dernier & autres fins y portées, avec dommages-interêts & dépens contre Me Cattel, Procureur du Sieur Joseph Sauveur, Maître Fondeur à Paris, Défendeur, Parties ouies; sans que les qualités puissent nuire ni préjudicier. Nous disons que les Statuts & Reglemens de la Communauté des Maîtres Doreurs seront exécutés; en conséquence avons la Saisie faite à la Requête des Parties de Barbery sur celle de Cattel, déclaré bonne & valable, avons les Marchandises saisies, déclarées acquises & confisquées au profit de la Communauté des Parties de Barbery, disons qu'elles seront vendues au Bureau des Parties de Barbery, au plus offrant & dernier Encherisseur en la maniere accoutumée, & néanmoins par grace & sans tirer à conséquence, la moitié du prix sera rendu à la Partie de Cattel; condamnons ladite Partie de Cattel aux dépens: Et sera notre présente Sentence, imprimée, lûe, publiée & affichée aux frais & dépens de la Partie de Cattel, ce qui sera exécuté nonobstant & sans préjudice de l'appel, en temoins de ce Nous avons fait sceller ces Présentes. Faites & Données par Messire Nicolas-Rene' Berryer, Chevalier, Conseiller d'Etat, Lieutenant Général de Police audit Châtelet, tenant le Siége le Vendredi vingt-deux Juin mil ſept cent cinquante-trois ; Collationnées. *Signé* MESNARD, & la FONTAINE, & ſcellée le 26 Juin 1753. *Signé* SAUVAGE, ſignifié à Me Cattel, Procureur à domicile, le vingt-ſix Juin mil ſept cent cinquante-trois.

Signé, LENOIR.

Pour Copie conforme à la Groſſe, entre mes mains,
BARBERY.

La Sentence ci-deſſus a été lûe, publiée & affichée à ſon de Trompe & Cri Public, en tous les Carrefours, lieux ordinaires & accoutumés, par moi Henry de Valois, Juré-Crieur ordinaire du Roi, de la Ville, Prévôté & Vicomté de Paris, étendue & Banlieue de ladite Prévôté Vicomté, y demeurant rue & Paroiſſe S. Jacques de la Boucherie, ſouſſigné, accompagné de Louis-François Ambezar, Jacques Hallot, & Claude-Louis Ambezar, Jurés-Trompettes avec moi, ſouſſignés, ce 2 Juillet 1753.

Signé, DE VALOIS.

Cette Sentence a été obtenue du tems & par les ſoins de Louis-Barthelemi BOULANGER, Jacques-Adrien CHARIÉ, Touſſaint BRUSSÉ, Pierre MANGLART, tous Jurés de préſent en Charge. 1753.

ARREST DE LA COUR DU PARLEMENT,

Qui confirme un Avis du Procureur du Roi, & une Sentence de Police confirmatif de l'Avis du Procureur du Roi, ensemble la Déliberation faite à l'Assemblé de la Communauté des Maîtres Ciseleurs, Doreurs, Argenteurs sur tous métaux, le 18 Décembre 1738. & homologué par Sentence de Police le 10 Mars 1739. pour faire un nouveau Reglement pour tous les Compagnons & Apprentifs dudit métier & qui en ordonne les Certificats par écrit.

Extrait des Registres de la Chambre de M. le Procureur du Roi au Châtelet de Paris.

Du Vendredi 19 Juillet 1754.

ENtre Marie - Marguerite Compoint, veuve de Louis-François Lefebvre, Maître Doreur à Paris, Défenderesse aux fins de l'Exploit de Fauch, signifié du 16 Mai dernier, duement contrôlé par Duclos, présenté cejourd'hui 17 par Mocquot; Défenderesse aux Ecritures en Demande incidente, du 22 dud. mois de Mai signifié; suivant ses fins de non-recevoir ses nouveaux moyens, du 6 Juin audit an; & encore Défenderesse aux Ecritures; & suivant ses nouveaux moyens donné, assisté de Me. Bellot son Procureur d'une part, & entre Pierre Clairbois, Maître Doreur, Argenteur sur tous métaux à Paris, Défendeur & Demandeur suivant, & aux fins des Exploits & Ecritures; Demande incidente, fin de non-recevoir, & moyens susdatés, assisté de Me. Barbery, son Procureur d'autre part; Parties ouies, sans que les qualités puissent nuire ni préjudicier: NOUS disons que les Statuts & Reglemens de la Communauté des Maîtres Doreurs, seront exécutés; condamnons en conséquence la Partie de Barbery, à mettre hors de chez elle dans le jour le nommé Lemoine, Compagnon Doreur; condamnons la Partie de Barbery en l'amende de trois liv. & aux dépens, ce fut fait & donné par Maître Claude-François Bernard, Chevalier Conseiller du Roi, son Procureur au Châtelet de Paris y tenant le Siége lesdits jour & an que dessus, *Signé* MENARD, avec paraphe.

A TOUS ceux qui ces présentes Lettres verront, Guillaume-François-Louis-Jolly de Fleury, Chevalier, Conseiller Ordinaire du Roi en son Conseil d'Etat, son Procureur Général, Garde de la Prevôté, Vicomté de Paris, le Siége vacant. SALUT, sçavoir faisons, que sur la présente Requ ête faite n jugement devant nous à l'Audience de la Chambre de Police du Châtelet de Paris, par Me. Bellot, Procureur de Marie-Marguerite Compoint, veuve de Louis-François Lefebvre, Maître Doreur à Paris, Demandeur au principal & aux fins de la Requête verbale du 7 Août dernier, tendant à ce qu'il nous plût confirmer l'Avis rendu contradictoirement par le Procureur du Roi le 19 Juillet dernier, contre Me. Barbery Procureur du ſieur Clairbois, Maitre Doreur, Argenteur ſur tous métaux, Défendeur au principal à la Requête verbale ſuſdatée; Parties ouies ſans que les qualités puiſſent nuire ni préjudicier. Nous avons l'Avis du Procureur du Roi confirmé: Diſons qu'il ſera exécuté ſelon ſa forme & teneur avec dépens; ce qui ſera exécuté nonobſtant & ſans préjudice de l'appel; en témoin nous avons fait ſceller ces préſentes, fait & donné par Meſſire Nicolas-René Berryer, Chevalier, Conſeiller d'Etat, Lieutenant Général de Police audit Châtelet, tenant le Siége le Vendredi ſix Septembre mil ſept cent cinquante-quatre. Collationné *Signé* Lambert, & ſcellé le 10 Septembre audit an, par Sauvage.

Louis par la Grace de Dieu, Roi de France & de Navarre, au premier des Huiſſiers de notre Cour de Parlement, ou autre Huiſſier ou Sergent, ſur ce requis; ſçavoir faiſons: qu'entre Pierre Clairbois, Maître Doreur, Argenteur ſur tous métaux à Paris, Appellant d'une Sentence de Police rendue au Châtelet de Paris, le ſix Novembre mil ſept cent cinquante-quatre, confirmative d'un Avis du Procureur du Roi du Châtelet, du dix-neuf Juillet audit an, d'une part, & Marie-Marguerite Compoint, veuve de François-Louis Lefebvre, Maître Doreur, Argenteur ſur tous métaux à Paris, Intimé d'autre part, & entre ledit Pierre Clairbois, Maître Doreur, Demandeur en Requête du vingt neuf Janvier mil ſept cent cinquante-cinq afin d'être reçu oppoſant à l'Arrêt par défaut obtenu le dix-ſept du même mois de Janvier mil ſept cent cinquante-cinq d'une part & ladite veuve Lefebvre Défendereſſe d'autre part, entre

entre ladite Veuve le Febvre, Demanderesse en Requête du 19 Janvier 1755. à ce que ledit Clairbois fût déclaré non-recevable dans son appel avec amende de soixante-quinze liv. ou en tous cas l'appellation fut mise au néant, il fut ordonné que ce dont étoit appel sortiroit son plein & entier effet & ledit Clairbois, fut condamné en l'amende ordinaire & en tous les dépens frais & mises d'une part, & ledit Clairbois, Défendeur d'autre part, & entre ledit Clairbois, Maître Doreur, Demandeur en Requête du 16 Septembre 1756. à ce que sans s'arrêter aux Requête & Demande de la Veuve le Febvre, dont elle seroit déboutée, l'appellation & ce dont étoit appel fussent mis au néant, émandant le Demandeur fut déchargé de condamnation contre lui prononcée par icelle, & la Veuve le Febvre fut condamnée aux dépens, tant en cause principal d'appel que demande d'une part; & ladite Veuve le Febvre, Défenderesse d'autre part, & entre ledit Clairbois, Maître Doreur, Demandeur en Requête du 22 Septembre 1756. à ce que dans le cas où notredite Cour feroit difficulté de lui adjuger les conclusions de sa Requête du 26 Septembre 1756. il lui fut donné acte de ce qu'elle articuloit & mettoit en fait que le nommé le Moine s'étoit conformé aux Statuts & Reglemens de la Communauté des Maîtres Doreurs, que le 24 Avril 1754. jour qu'il s'est présenté chez le Demandeur, il a annoncé sa sortie à la Veuve le Febvre présence de témoins, & que conformément auxdits Reglement, il est encore resté quinzaine chez la Veuve le Febvre, n'en étant sorti que le quatorze Mai jour qu'il est entré chez le Demandeur, il lui fut permis de faire preuve desdits faits devant tel de Meſſieurs qu'il plairoit à notredite Cour commettre pour l'Enquête faite & rapporté extraordinaire, ce que de raiſon d'une part & ladite Veuve le Febvre Défendereſſe d'autre part, & entre ladite Veuve le Febvre Demandereſſe en Requête du 23 Septembre 1756. à ce que ſans s'arrêter auxdites Requêtes & Demandes dudit Clairbois & aux faits faux par lui articulés dans ſadite Requête, les concluſions ci-devant priſes par la Demandereſſe lui fuſſent adjugés avec dépens d'une part & ledit Clairbois Défendeur d'autre part. Après que Vermeil, Avocat de Pierre Clairbois, Tenneſſon, Avocat de Marie-Marguerite Compoint, ont été ouies, enſemble, Mayon, Subſtitut pour notre Procureur Général, lequel en a été déliberé. La Chambre reçoit la Partie de Vermeille oppoſante à l'exécution de l'Arrêt par défaut au principal, ſans s'arrêter à ſa Requête faiſant droit ſur l'appel, à mis & met l'appellation au néant, ordonne que ce dont eſt appel ſortira ſon plein & entier effet, condamne l'Appellant en l'amende de douze livres, & aux dépens des cauſes d'appel & demandes, frais & miſes d'exécution, te donnons en mandement mettre le préſent Arrêt à dûe & entiere exécution ſelon ſa forme & teneur, de ce faire te donnons plein pouvoir, donné & jugé en notredite Cour de Parlement en Vacations le vingt-ſixiéme Octobre l'an de grace mil ſept cent cinquante-ſix, & de notre Regne le quarante deuxiéme Collationné de Santeul. Par la Chambre. *Signé* DU FRANC. Et ſignifié le 24 Novembre 1756. à Me Nolleau Procureur par GASVOLET. *Signé* MOREAU, le jeune.

L'an mil sept cent cinquante-six le premier jour de Décembre, à la Requête de Demoiselle Marie-Marguerite Compoint, Veuve de François le Febvre, Me Doreur à Paris, y demeurant rue des Vieux Augustins, & pour laquelle domicile est élû en la Maison de Me Moreau le jeune, Procureur à la Cour, scise rue Montorgueil, Paroisse S. Eustache, nous Louis Cartel Boyer, Huissier au Châtelet, demeurant rue du petit Lion, Paroisse Saint Sulpice.

Soussigné avons signifié & baillé copie au Sieur Clairbois Me Doreur à Paris, y demeurant rue Quincampoix, en son domicile, parlant à un garçon qui a refusé de dire son nom, de ce sommé.

De l'avis rendu contradictoirement en la Chambre de M. le Procureur du Roi au Châtelet le dix-neuf Juillet 1754. de la Sentence confirmative dudit Avis rendu en la Chambre de Police dudit Châtelet le six Septembre audit an 1754. ensemble de l'Arrêt de la Cour lequel confirme tant ladite Sentence que ledit Avis à ce que du contenu ausdits Sentence, Avis & Arrêt, il n'en ignore & ait à si conformer sous les peines de droit, & lui avons, parlant comme dessus, laissé la présente Copie.

Signé BOYER.

DE PAR LE ROI

ET MONSIEUR LE LIEUTENANT GÉNÉRAL *DE POLICE*,

SENTENCE

Rendue au profit de la Communauté des Maîtres Cizeleurs, Doreurs, Argenteurs, Damasquineurs & Enjoliveurs sur tous Métaux, de la Ville & Fauxbourgs de Paris.

Qui déclare bonnes & valables les Saisies faites sur le Sieur ESTIENNE BURON, Maître Fondeur à Paris.

Du 18 Septembre 1754.

A TOUS ceux qui ces présentes Lettres verront ; Guillaume-Louis-François Joly de Fleuri, Chevalier, Conseiller ordinaire du Roi en son Conseil d'Etat, son Procureur Général, Garde de la Prévôté & Vicomté de Paris, le Siége vacant : SALUT ; Sçavoir, faisons : Que sur la Requête faite en Jugement devant Nous à l'Audience de la Chambre de Police du Châtelet de Paris, par Maître Antoine Barbery, Procureur des Sieurs Jurés en charge de la Communauté des Maîtres Cizeleurs, Doreurs, Argenteurs, Damasquineurs sur tous Métaux, ayant fait saisis par Procès-verbaux du ving-neuf Juillet dernier, fait par Mariotte, Huissier à cheval, en présence de Maître Girard, Commissaire : trente-neuf piéces neuves de Cuivres dorées d'or moulu, prêtes à monter, composant un Lustre, trois Chandeliers de cuivre & leurs bobéches dorées d'or moulu, un plateau d'Ecritoire dans son quadre de cuivre doré d'or moulu, avec ses quatre pieds dorés d'or moulu, une Cassolette composée d'une Terrasse, d'un Arbre & d'un Bouquet avec son dessus de cuivre dorés d'or moulu, & une paire de Bras de cheminée à deux branches, garnis de plaque, bobéches & binet de cuivre, aussi dorés d'or moulu. Demandeurs aux fins dudit Procès-verbal & de l'assignation y portée, contrôlé, le trente Juillet dernier par de la Fleutrie, présenté ce jourd'hui Mardi par Carmen, tendant à fin de validité de Saisie, Confiscation de choses saisies, Amende & Dépens, Défendeur à la Demande en nullité de ladite Saisie & en main-levée provisoire du premier de ce mois, & à la Requête verbale du vingt-deux, tendante afin de main-levée définitive de ladite saisie, attendu que les Marchandises saisies appartiennent aux sieurs Machart & Devaux, Marchands Merciers, ainsi qu'il a été déclaré par le Procès-verbal de Maître Girard, Commissaire, contre Maître Petigny, substituant Maître Lhomme Procureur d'Etienne Buron, Maître Fondeur, Partie saisie Défendeur & Demandeur. Parties ouies, sans que les qualités puissent nuire ni préjudicier.

Nous disons que les Statuts, Arrêts & Reglemens de la Communauté des Maîtres Doreurs seront exécutés selon leur forme & teneur : Déclarons bonne & valable la saisie faite à la Requête de Barbery sur celle de Lhomme, à laquelle nous faisons défense de récidiver, & néanmoins par grace pour cette fois seulement, & sans tirer à conséquence : Disons que les Marchandises saisies seront rendues à la Partie de Lhomme, condamnons ladite partie de Lhomme aux dépens, ce qui sera exécuté nonobstant & sans préjudice de l'Appel : En temoin de ce Nous avons fait sceller ces Présentes. Faites & Données par Messire Nicolas René Berryer, Chevalier, Conseiller d'Etat, Lieutenant Général de Police audit Châtelet, tenant le siége le Vendredi trente Août mil sept cent cinquante-quatre. Collationné, *Signé* Lambert, & scellé par Sauvage, avec paraphe.

Et plus bas est écrit, signifié Copie à Maître Lhomme, Procureur à domicile, le dix-huit Septembre 1754. *Signé* Lenoir, avec paraphe.

Cette Présente Sentence a été obtenue & imprimée du tems & par les soins de Messieurs Jacques-Fiacre Chrétien, Sebastien Perard, François Perichon, Claude-Jean Villefranche, tous Jurés, de present en Charge 1754.

ARREST
DE LA COUR
DE PARLEMENT

Qui confirme deux Sentences de Police rendues en faveur de la Communauté des Maîtres Ciſeleurs, Doreurs, Argenteurs, Damaſquineurs, Enjoliveurs ſur tous métaux, de la Ville, Fauxbourgs & Banlieue de Paris.

Contre la Communauté des Maîtres Fourbiſſeurs, de ladite Ville.

Du 9 Juin 1755.

A TOUS ceux qui ces préſentes Lettres verront, Gabriel Jerôme de Bullion, Chevalier Comte d'Eſclimont, Seigneur de Wedeville & autres lieux, Maréchal des Camps & Armées du Roi, ſon Conſeiller en ſes Conſeils, Prevôt de Paris. Salut; ſçavoir faiſons, que ſur la Requête faite en Jugement devant Nous, à l'Audience de la Chambre de Police du Châtelet de Paris, par Me Olivier le jeune, Procureur du Sieur Claude Drouet, Maître Cizeleur, Doreur, Argenteur & Damaſquineur ſur tous métaux à Paris, partie prétendue en contravention, défendeur aux fins de l'aſſignation faite par Boue, Huiſſier à

Verge en cette Cour, le 18 Septembre 1748. dûement contrôlée à Paris par Guettaud, cejourd'hui, demandeur aux fins de la Requête & Exploit fait en vertu de l'Ordonnance, étant au bas de ladite Requête du 19 du même mois ; ladite Ordonnance dûement scellée, ledit Exploit fait par Mariotte, Huissier à cheval, contrôlé le même jour par de la Fleuterie, présenté & contrôlé cejourd'hui par ledit Goessard, demandeur suivant ses défenses & demandes incidentes du 15 Novembre suivant, & encore ledit Me Olivier, Procureur des Jurés en Charge de la Communauté des Maîtres Cizeleurs, Doreurs, Argenteurs & Damasquineurs sur tous métaux, de la Ville & Fauxbourgs de Paris, ayant pris le fait & cause dudit Sieur Drouet, demandeur, suivant leur Requête verbale d'intervention du 15 Novembre dernier, & défendeur, suivant & en exécution de notre Sentence portant renvoi pardevant Messieurs les Gens du Roi du 18 Juillet dernier, le tout tendant aux fins y contenues avec dépens, contre Me Boudot Procureur des Jurés de présent en Charge de la Communauté des Maîtres Fourbisseurs à Paris, ayant fait saisir sur le Sieur Drouet des gardes d'épées non rivées & montées, & autres ouvrages de la profession des Maîtres Doreurs & défendeurs parties ouies, nous avons reçû les Jurés de la Communauté des Doreurs, partie d'Olivier, parties intervenantes, faisant droit sur leur intervention, leur donnons lettres de ce qu'ils prennent le fait & cause du nommé Drouet Doreur, autre partie d'Olivier, au principal ; Disons, Que les Statuts, Arrêts & Réglemens de la Communauté des Doreurs seront exécutés selon leur forme & teneur, en conséquence avons maintenue & maintenons les Doreurs en la possession où ils sont de dorer, argenter, cizeler, damasquiner toutes sortes de Gardes d'Epées; faisons défenses aux Parties de Boudot de les y troubler, déclarons la saisie faite sur ledit Drouet nulle, faisons main-levée d'icelle, disons que les Marchandises saisies lui seront rendues, les Parties de Boudot condamnés envers lui en vingt livres de dommages interêts, & aux dépens envers toutes les Parties, ce qui sera exécuté, &c. En temoin de ce, nous avons fait sceller ces Présentes, ce fut fait & donné par Messire Me Moreau, Premier Avocat du Roi au Châtelet de Paris, & prononcé par Me Nicolas-René Berryer, Lieutenant Général de Police, au Châtelet de Paris, tenant le Siége le cinq Septembre 1749, collationné *Signé* LA FONTAINE, contrôlé & reçû 1 liv. le 25 Septembre 1749. scellé le même jour, reçû 1 liv. 10 sols, coust 4 liv. 19 sols 9 den. signifié à Me Boudot pour le 26 Septembre 1749.

A TOUS ceux qui ces présentes Lettres verront, Gabriel-Jerôme de Bullion, &c. Sçavoir, faisons que sur la Requête faite en jugement devant Nous à l'Audience de la Chambre de Police du Châtelet de Paris, par Me Olivier le jeune, Procureur des Jurés de présent en Charge de la Communauté des Maîtres Doreurs, parties intervenantes en la cause d'entre Drouet Maître Doreur partie saisie, & les Jurés Fourbisseurs saisissans & ayant pris le fait & cause dudit Drouet, demandeur & suivant leur Requête verbale d'intervention du quinze Mars dernier, contre Me Boudot Procureur des Jurés de présent en charge de la Communauté des Maîtres Fourbisseurs à Paris, ayant fait saisir sur ledit Drouet des gardes d'épée non montées ni rivées, défenfendeurs contre Me Barbery Procureur dudit Drouet Maître Doreur défendeur, parties ouies, ensemble noble homme Messire Me Moreau, Avocat du Roi, en son avis, nous avons l'Avis des Gens du Roi, homologué, en conséquence avons reçû les Jurés de la Communauté des Doreurs & Parties d'Olivier, Parties intervenantes; faisant droit sur leur intervention, leur donnons lettres de ce qu'ils prennent le fait & cause du nommé Drouet Partie de Barbery au principal, disons que les Statuts, Arrêts & Reglemens de la Communauté des Maîtres Doreurs, seront executés selon leur forme & teneur, en conséquence avons maintenu & maintenons les Doreurs en la possession où ils sont de dorer, argenter, cizeler & damasquiner toutes sortes de gardes d'épées, faisons défenses aux Parties de Boudot de les y troubler, déclarons la saisie faite sur ledit Drouet nulle, faisons main levée d'icelle, disons que les marchandises saisies lui seront rendues & les Parties de Boudot condamné envers lui, en vingt livres de dommages interêts & aux dépens envers toutes les Parties, ce qui sera executé nonobstant & sans préjudice de l'appel, en témoin de ce, nous avons fait sceller ces présentes, ce fut fait & donné par M. le Lieutenant Général de Police, au Châtelet de Paris, tenant le Siége, le Vendredi 30 Janvier 1750. Collationné, *Signé*, LAMBERT, contrôlé, reçû 1 liv. le 7 Février 1750. scellé ledit jour, reçû 1 liv. 10 s. coust 5 l.

& signifié à Me Boudot le jeune, & à Me Barbery Procureur, le 7 Février 1750.

LOUIS, par la Grace de Dieu, Roi de France & de Navarre : Au premier des Huissiers de notre Cour de Parlement, ou autre notre Huissier ou Sergent sur ce requis; sçavoir faisons, qu'entre les Jurés de la Communauté des Maîtres & Marchands Fourbisseurs de Paris, Appellans d'une Sentence rendue en la Chambre de Police du Châtelet de Paris, le 5 Septembre 1749, & défendeurs d'une part, & les Jurés en charge de la Communauté des Maîtres Cizeleurs, Doreurs, Argenteurs & Damasquineurs sur tous métaux, de la Ville & Fauxbourgs de Paris ; Claude Drouet, l'un desdits Maîtres Doreurs, intimés, demandeurs en Requête du 7 Janvier 1750. d'autre part, & entre lesd. Jurés Fourbisseurs de Paris, Appellans incidemment en adhérant au premier Appel d'une Sentence du Siége de Police du Châtelet de Paris, du trente Janvier mil sept cent cinquante, suivant leur Requête du 6 Mai 1751, & Demandeurs aux fins d'icelle d'une part, & lesdits Jurés Doreurs, Défendeurs d'autre part. Vû par notredite Cour la Sentence de Police du Châtelet de Paris, du 5 Septembre 1749 dont est appel, contradictoirement rendue entre lesdites Parties, par laquelle la Communauté des Doreurs a été reçûe Partie intervenante, faisant droit sur leur intervention, acte lui a été donné de ce qu'elle prenoit le fait & cause du nommé Drouet, Doreur, au principal : il a été dit que les Statuts, Arrêts & Reglemens de la Communauté des Doreurs, feroient exécutés felon leur forme & teneur, en conféquence les Doreurs ont été maintenus en la poffeffion où ils font de dorer, argenter, cizeler & damafquiner toutes fortes de gardes d'épées, défenfes ont été faites aufdits Jurés Fourbiffeurs de les y troubler, la faifie faite fur ledit Drouet a été déclarée nulle, main-levée d'icelle en a été faite, & a dit que les marchandifes faifies lui feroient rendues, lefdits Fourbiffeurs ont été condamnés envers lui, en vingt-livres de dommages, intérêts, & aux dépens envers toutes les Parties, ce qui feroit exécuté nonobftant & fans préjudice de l'appel; Requête & Demande defdits Jurés Doreurs & dudit Drouet, du 7 Janvier 1750, à ce que l'appellation fut mife au néant, il fut ordonné que ce dont eft appel fortiroit fon plein & entier effet, lefdits Jurés Fourbiffeurs fuffent condamnés en l'amende & en outre en cent livres de dommages, intérêts envers ledit Drouet, réfultant de la rétention qui a été faite de fes marchandifes depuis le premier Octobre 1749, jour de l'Arrêt de défenfes obtenu par lefdits Fourbiffeurs, jufqu'au deuxiéme Janvier 1750, jour de la remife defdites marchandifes, en vertu de l'Arrêt qui a levé lefdites défenfes, & en tous les dépens des caufes d'appel & demandes, Arrêt du 3 Février 1750, d'appointement au Confeil fur l'appel, en droit & joint fur la fufdite demande, productions refpectives des Parties, en exécution du fufdit Arrêt; Requête defdits Jurés Fourbiffeurs du premier Septembre 1750, employée pour caufes & moyens d'appel & avertiffement en exécution du fufdit Arrêt, fommation faite aufdits Jurés Doreurs, de fournir de réponfes aufdites caufes &

moyens d'appel, production nouvelle desdits Jurés Doreurs par Requête du quatorziéme Juillet 1750, les contredits d'icelle desdits Jurés Fourbisseurs du 17 Février 1752, autre production nouvelle desdits Fourbisseurs par Requête du 21 Avril 1751, sommation faite ausdits Jurés Doreurs de la contredire, Sentence de la Chambre de Police dudit Châtelet de Paris, du 30 Janvier 1750 dont est appel, rendue entre lesdites Parties, par laquelle l'avis du Substitut de notre Procureur Général audit Siége, en conséquence les Jurés de la Communauté des Doreurs ont été reçus Parties intervenantes, faisant droit sur leur intervention, acte leur a été donné de leur prise de fait & cause dudit Drouet au principal : il a été ordonné que les Statuts & Reglemens de la Communauté des Doreurs seroient exécutés selon leur forme & teneur, en conséquence les Doreurs ont été maintenus en la possession où ils sont de cizeler, dorer, argenter & damasquiner toutes sortes d'épées, défenses ont été faites ausdits Fourbisseurs de les y troubler, la saisie faite sur ledit Drouet a été déclarée nulle, main-levée d'icelle a été faite, & ordonné que les marchandises saisies lui seroient rendues, lesdits Fourbisseurs ont été condamnés en 20 livres de dommages intérêts envers ledit Drouet & aux dépens envers toutes les Parties, ce qui seroit exécuté nonobstant & sans préjudice de l'appel ; Requête desdits Jurés Fourbisseurs du 28 Avril 1751, contenant leur appel incidente, en adhérant à leur premier appel & demande, à ce que l'appellation & Sentence du Siége de la Police de Paris, du 30 Janvier 1750, fussent mis au néant, en ce que par ladite Sentence la saisie faite sur ledit Drouet le 11 Mars 1749 a été déclarée nulle, que main-levée a été faite d'icelle & ordonné que les marchandiſes ſaiſies lui ſeroient rendues, & en ce qu'ils avoient été condamnés envers lui en 20 livres de dommages intérêts & aux dépens envers toutes les Parties, émendant, quant à ce, ils fuſſent déchargés de ladite condamnation, il fut ordonné que leurs Statuts, enſemble les Arrêts & Reglemens intervenus entr'eux & l'eſdits Maîtres Doreurs & Argenteurs, notamment ceux des 23 Mars 1596, 14 Août 1597, 28 Novembre 1598 & 6 Avril 1677, ſeroient exécutés ſelon leur forme & teneur; ce faiſant, ils fuſſent maintenus & gardés ſeuls, & à l'excluſion de tous autres, notamment deſdits Maîtres Cizeleurs, Doreurs, Argenteurs & Damaſquineurs dans le droit de fabriquer, fourbir & aſſembler, monter, garnir, vendre & expoſer en vente toutes ſortes de gardes d'épées & autres armes blanches maniables à la main; en conſéquence la ſaiſie faite ſur ledit Claude Drouet, l'un des Maîtres Doreurs, à la Requête deſdits Jurés Fourbiſſeurs de Paris, par Procès-verbal du 11 Mars 1749, fut déclarée bonne & valable, les marchandiſes deſdits Fourbiſſeurs compriſes dans ladite ſaiſie, fuſſent déclarées à eux acquiſes & confiſquées & au profit de leur Communauté, que ledit Drouet ſeroit tenu de leur remettre leſdites marchandiſes ſaiſies qui lui ont été proviſoirement remiſes & ce dans la huitaine de la ſignification à perſonne, de l'Arrêt qui interviendroit, ſinon la valeur deſdites marchandiſes, ſuivant l'évaluation qui en ſeroit faite ſur le Procès-verbal de ſaiſie & ſur celui fait par le Commiſſaire, au moment de ladite ſaiſie & lors de la remiſe proviſoire deſdits effets, laquelle évaluation seroit faite par Experts, dont les Parties conviendroient pardevant le Conseiller Rapporteur, sinon qui seroient par lui pris & nommés d'office, défenses fussent faites audit Drouet & à tous autres Maîtres Doreurs, comme aussi à tous autres de s'immiscer en la profession ou commerce des Fourbisseurs, & notamment de fabriquer, vendre, ni exposer en vente aucunes gardes d'épées, ni autres armes blanches, & de les monter, assembler & river sur leurs piéces, sous telles peines qu'il appartiendroit, & pour la contravention commise & réiterée de la part dudit Drouet: il fut condamné en l'amende & en trois mille livres de dommages intérêts envers eux, il fut ordonné que l'Arrêt qui interviendroit seroit imprimé, lû, publié & affiché, tant à la porte dudit Drouet que par-tout ailleurs où besoin seroit, même inscrit sur les Registres des déliberations des deux Communautés: le tout aux frais & dépens dudit Drouet, lequel, ainsi que ladite Communauté des Doreurs seroient chacun à leur égard condamnés aux dépens, tant des causes principales que d'appel & demande, Arrêt du 6 Mai 1751, d'appointement au Conseil sur l'appel incident & en droit, & joint sur la susdite demande, production des Parties en exécution dudit Arrêt, celle desdits Doreurs & dudit Drouet par Requête du 5 Février 1752, employée pour avertissement, & tendante à ce que sans s'arrêter aux demandes desdits Maîtres & Jurés Fourbisseurs, dans lesquelles ils seroient déclarés non-recevables, ou dont en tout cas ils seroient déboutés; faisant droit sur leur appel, tant principal qu'incident, les appellations fussent mises au néant, il fut ordonné que ce dont est appel sortiroit son plein &

entier effet, & lesdits Jurés Fourbisseurs fussent condamnés en l'amende & aux dépens des causes d'appel & demandes, au bas de laquelle Requête est l'Ordonnance de notredite Cour, qui a donné acte de l'emploi y porté, & réservé à faire droit en jugeant, causes & moyens d'appel desdits Jurés Fourbisseurs du 17 Janvier 1752, contre la susdite Sentence du 30 Janvier 1750, servant d'avertissement & contredits de production & d addition de causes & moyens d'appel contre la susdite Sentence du 5 Septembre 1749, en exécution des susdits Arrêts des 3 Février 1750 & 6 Mai 1751, Réponses desdits Jurés Doreurs & dudit Drouet du 26 Janvier 1752, aux susdites causes & additions de causes & moyens d'appel servant aussi de contredits, salvations desdits Jurés Fourbisseurs du 10 Février 1753, aux susdites réponses à causes & moyens d'appel & aux contredits y portés : contredits desdits Doreurs & dudit Drouet du 15 Octobre 1754, contre la susdite production nouvelle desdits Fourbisseurs du 21 Avril 1751, servant aussi de réponses aux susdites salvations; Requête desdits Jurés Doreurs & dudit Drouet du 28 Novembre 1754, employée pour fins de non-recevoir, & défenses aux demandes formées dans l'instance par lesdits Jurés de la Communauté des Maîtres Fourbisseurs, ensemble pour plus amples réponses, à cause d'appel & tendant à ce que sans s'arrêter ni avoir égard aux susdites demandes desdits Fourbisseurs dans lesquelles ils seroient déclarés non-recevables, ou dont en tout cas ils seroient déboutés, les appellations fussent mises au néant; il fut ordonné que les appellations fussent mises au néant, il fut ordonné que les Sentences dont est appel sortiroient

sortiroient leur plein & entier effet, les Jurés de la Communauté des Maîtres Fourbisseurs fussent condamnés ès amendes & en cent livres de dommages intérêts envers ledit Drouet, Doreur, résultant de la rétention qui avoit été faite des ouvrages sur lui saisis par le Procès-verbal du 17 Septembre 1748, depuis le premier Octobre 1749, jour de l'Arrêt de défenses obtenu par lesdits Jurés Fourbisseurs, jusqu'au deuxiéme Janvier 1750, jour de la remise desdites marchandises, en vertu de l'Arrêt qui a levé lesdites défenses, & lesdits Jurés Fourbisseurs fussent condamnés aux frais & mises d'exécution faits, en vertu des Sentences dont est appel, pour la remise provisoire des choses saisies, & en tous les dépens des causes d'appel & demande; il fut permis ausdits Jurés Doreurs, & audit Drouet, de faire imprimer, lire, publier & afficher les Sentences dont est appel, & l'Arrêt qui interviendroit, aux frais & dépens de ladite Communauté des Fourbisseurs, au bas de laquelle Requête est l'Ordonnance de notredite Cour, qui a donné acte de l'emploi y porté & réservé à faire droit sur ladite demande en jugeant; production nouvelle desdits Doreurs & dudit Drouet, par Requête du 14 Avril 1755, Arrêt du 10 Mars dernier, qui ordonne que l'Arrêt du 3 Février 1750, sera réformé & que la Sentence datée du 5 Septembre 1740, sera réputée datée du 5 Septembre 1749, sa véritable date, dépens réservés; sommation faite ausdits Jurés Fourbisseurs de la contredire, sommations générales de satisfaire aux Reglemens de l'instance, Conclusions de notre Procureur Général; tout joint & considéré.

Q

NOTREDITE COUR, ſans s'arrêter à la Requête deſdits Jurés de la Communauté des Maîtres Fourbiſſeurs à mis & met les appellations au néant ; ordonne que ce dont eſt appel ſortira effet, les condamne en cent livres de dommages intérêts, y compris ceux adjugés par leſdires Sentences ès amendes de douze livres, & en tous les dépens des cauſes d'appel & demande, ſur le ſurplus des autres demandes, fins & concluſions, met les Parties hors de Notredite Cour ; Si mandons, &c. Donné en Parlement le neuviéme Juin l'an de grace mil ſept cent cinquante-cinq, & de notre Regne le quarantiéme Collationné par deſſous, LE MOUTIER, Par la Chambre *ſigné* DUFRANC,

Et ſignifié le 26 Juin 1755, à Me. DUFRESNE, Procureur.

Le préſent Arrêt a été obtenu du temps de Meſſieurs JACQUES-FIACRE CHRETIEN, SEBASTIEN PERARD, FRANÇOIS PERICHON, & CLAUDE-JEAN DE VILLEFRANCHE, *Jurés de préſent en Charge.*

FIN.

Ces Status ont été réimprimés du tems & par les ſoins de Meſſieurs NICOLAS-SIMON MASSON, PIERRE CARON, PIERRE MALVAUX, & PIERRE CLAIRBOIS, tous Jurés en Charges, autoriſés par une Délibération faite à la Communauté, du 31 Juillet 1755.

TABLE
DES DIFFERENTES PIÉCES.

Contenues dans les Statuts de la Communauté du Corps des Maîtres & Marchands Cizeleurs, Doreurs, Argenteurs, Damasquineurs & Enjoliveurs sur tous Métaux, de la Ville & Fauxbourgs de Paris.

TABLE.

TABLE.

TABLE.

TABLE.

www.ingramcontent.com/pod-product-compliance
Ingram Content Group UK Ltd.
Pitfield, Milton Keynes, MK11 3LW, UK
UKHW020548180726
13838UKWH00001B/105